中公新書 2602

春木育美著

韓国社会の現在

超少子化、貧困・孤立化、デジタル化

中央公論新社刊

はじめに

１９６０年代にアジア最貧国の一つだった韓国は、猛烈なスピードで経済発展を成し遂げ、先進国への階段を駆け上がった。ＩＭＦによる２０１８年の国内総生産（ＧＤＰ）の国別ランキングで世界第10位にランキングされるまでに成長した。だが、「先成長・後分配」を掲げ、短期間にハイスピードで経済開発を推し進めた歪《ひず》みがいま、あちこちで噴出している。

１９９６年に経済協力開発機構（ＯＥＣＤ）に加盟した韓国は、出生率や若者の就業率がＯＥＣＤ加盟国で最低水準である一方、私教育費（学校外教育費）や大学進学率、男女の賃金格差、高齢者の貧困率と自殺率は、最高水準を記録し続けている。

とりわけ、深刻化しているのが少子高齢化であり、この問題で先頭をいく日本を追い抜く勢いで出生率の低下が進行している。韓国の合計特殊出生率は、２０１８年に０・98に落ち込み1.0を下回った。さらに19年には０・92と過去最低を更新した。他のＯＥＣＤ加盟国で１を割った国はない。韓国の少子化のスピードは日本より速く、瞬く間に世界最低水準となった。

この10年間、韓国の平均初婚年齢は、男女ともに日本より１〜２歳ほど高いまま、年々上がり続け、2019年には夫33・4歳、妻30・6歳となった。ソウルではさらに、夫33・5歳、妻31・6歳と高年齢である。

10代の7割が大学に進学するが、その多くは定職に就けないまま30代を迎える。婚姻件数自体が激減し、20〜30代の未婚率（2017年）はすでに日本の79・7％（20代）、34・8％（30代）に対し、韓国はそれぞれ91・3％、36・3％と日本を上回っており、家族形成というシステムが急速に壊れつつある。

経済規模に比して、社会福祉制度は著しく劣っている。近代化が急激だったため国民皆年金を達成したのは1999年と遅く、国民年金制度が未成熟なことから高齢者の6割近くが無年金である。『高齢者統計』（2017年）によれば、年金受給額の平均（月額）は約5万円だが、受給者全体の半数は月額3万円未満の低年金者である。国民年金の所得保障率が低いため、韓国の貧困率は高齢期に急上昇する「J字型」となっている。

韓国の「未来の年表」は、さらなる劇的な変化が待ち受けている。OECD加盟国のなかでトップを維持してきた生産年齢人口率（15〜64歳）は、2018年から減少に転じた。出生率の低下を受け、総人口も19年の5165万人をピークに減り始める。

韓国統計庁の「将来人口統計」（19年3月）予測によると、日本と同様に人口減時代を迎える韓国は、今後日本を上回るスピードで高齢化が進む。2065年には生産年齢人口率が45・4％と、日本の51・4％を抜いてOECD加盟国最低となる。一方、人口に占める65歳以上の高齢者の比率は、17年の14・8％から65年には46％へ上昇し、先進国首位に躍り出る。このまま進めば韓国は65歳以上が国民のほぼ過半数を占める「高齢者大国」となる。

こうした人口構造の著しい変化により、財政への圧迫は極大化し、過大な負担を強いられる現役世代を圧し潰す。無年金や低年金の高齢者がさらに増え、持続可能な社会発展が望めないどころか国家的危機に直面する。

未婚と非婚の増大や少子高齢化は氷山の一角に過ぎず、韓国社会が抱える課題は多岐にわたる。その現状を観察し要因や背景を探ると、韓国の事例は日本の過去と未来が交差する合わせ鏡であることがわかる。つまり、韓国が直面する問題を探ることは日本の近未来の課題を浮き彫りにする。その理由と意義はどこにあるのか。

第一に、韓国法の基礎は日本の植民地時代に整備され、法律の構成や法律用語、法解釈に至るまで、日本の法制度とほとんど同じ、あるいはきわめて類似している。

たとえば、韓国の民法は日本の明治時代に制定された旧民法が土台となり、日本同様に戸籍制度が採用されていた。過去形なのは2008年に改正民法が施行され、それにともない従来の戸籍制度が廃止されたからである。他方で、新たな形態の身分登録制度として、家族単位ではなく個人単位で家族関係を記録する「家族関係登録簿」が導入された。これは日本から移植された法体系が大きく変革した一例である。

他方で、憲法裁判所の設置、電子訴訟制度、多文化家族支援法、重国籍を容認する改正国籍法の施行など、韓国は民主化後、日本と異なる法制度を相次いで導入した。

韓国と日本の法制度や仕組みの近似性が高いうえで、日本と異なる方向へと発展した点、あるいは日本が選ばなかった制度や日本の先を行くような制度を導入した点で、日本が取捨選択しうる法制度について参照できる。

第二に、大統領制を採る韓国では、意思決定の中心的アクターは大統領であり、政策の構想や立案段階で大統領の意向が強く働く。再選不可の五年単任制であるため、大統領が代わるたびに思い切った政策立案が打ち出され、トップダウンで即座に実行に移される。政策の具現化や改革のスピードが速いのが韓国の特徴である。まずは実行し、走り進めながらその都度生じた問題点を修正していく、というスタイルである。

第3章デジタル先進国の明暗にみるように、日本が必要とする課題で韓国が先行している事例もある。

日本と比べはるかに迅速に法律や制度の制定や改正、運用の変更が行われるため、韓国がどのような政策アイディアを採択し推進したのか、それはどのような結果をもたらしたのかを検証することは、韓国と共通する課題を抱える日本の未来を映し出す鏡を覗きこむような興味深さがある。韓国の経験から得られる示唆は、日本の政策選択の幅を広げるためにも有用であろう。

第三に、超少子化や高齢者の貧困など、課題の広がりや深刻さで、いまや先進国でトップランナーとなった韓国は、他の国が経験したことのない現実に直面しているだけに、参照事例がないなか手探り状態で解決策を模索している。韓国が効果的な対応策を打ち出すことができれば、同様の問題を抱える日本を始めとする先進国にとって有用な検証モデルとなる。失策であったとしても、先行事例として失敗を回避するための示唆に富むといえる。

本書では、ある面では日本の近未来を映し出し、また日本が選ばなかった道や方向性を指し示す韓国社会の現在について、一、少子高齢化、二、貧困・孤立化、三、デジタル化、四、教育、五、ジェンダーといった五つの視点から考察する。本書では一貫して「格差」の問題を扱っている。韓国が直面する課題は、日本も同様に直面しているか、あるいは今後直面するであろうと思われる問題が多い。

持続的な社会発展を希求しながらも、打開策を模索し続ける隣国の試行錯誤を辿ることで、その成功例や失敗例から得られる教訓は何かを考えていきたい。

※文中表記の100ウォンは8.7円で計算している。

目次

韓国社会の現在——超少子化、貧困・孤立化、デジタル化

歴代大統領（第三共和国以降）

氏名	生没年	在任期間	主な経歴	出身地
朴正煕	1917～79	1963～79	軍人	慶尚北道
崔圭夏	1919～2006	1979～80	ソウル大学教授	江原道
全斗煥	1931～	1980～88	軍人	慶尚南道
盧泰愚	1932～	1988～93	軍人	慶尚北道
金泳三	1927～2015	1993～98	政治家	慶尚南道
金大中	1925～2009	1998～2003	政治家	全羅南道
盧武鉉	1946～2009	2003～08	弁護士	慶尚南道
李明博	1941～	2008～13	企業家・ソウル特別市長	慶尚北道（出生地は日本）
朴槿恵	1952～	2013～17	政治家	慶尚北道
文在寅	1953～	2017～	弁護士	慶尚南道

第1章　世界で突出する少子化——0・92ショックはなぜ

1　〝最速〟の少子高齢化の実態

「世界でもっとも老いた国」へ

韓国統計庁の「将来人口推計」によれば、近未来の韓国は、人口構造が極端に歪《ゆが》んだ社会となる。具体的にみていこう。

韓国の近未来図は、少子高齢化が加速度的に進んだ社会である。この点は日本も同様である。WHOの発表（2018）によれば、平均寿命は日本1位、韓国9位で、世界トップランクである（2016年時点）。今後、高齢者の層はさらに厚みを増し、生まれる子どもの数はますます先細る。

両国を待ち受ける未来は、国民の2～3人にひとりが高齢者という、いまだかつて経験したことのない高齢者大国となることだ。

ただ、そうしたなかでも韓国と日本では、異なる点が一つある。1－1と1－2はそれぞれ韓国と日本の人口割合の推移と予測を示したものである。

日本の少子高齢化が緩やかに見えてくるほど、韓国は今後、類をみない猛スピードで人口構造が変化する。

一般に、国の総人口に占める高齢者（65歳以上）の人口割合を示す高齢化率が7％を超えた社会を「高齢化社会」、14％以上から「高齢社会」、21％以上から「超高齢社会」と定義づけられている。日本ではその移行に1970年から94年までの24年間を要した。ところが、韓国は2000年に7.2％を超え、それから18年で14％を超えた。

日本では一足先の2007年に高齢化率が21％を超え、超高齢社会に突入している。2020年の時点で、人口に占める65歳以上の高齢者の割合は、日本は28・9％、韓国は15・7％と、まだ日本の半分強である。だが、その後は日本を上回るスピードで高齢化が進み、2065年には人口のほぼ2人にひとりが高齢者である社会が到来すると見込まれている。

韓国は、これから半世紀で高齢化が急速に進行し、「世界でもっとも老いた国」になるとの予想である。高齢者が増えれば、社会全体の格差が大きくなることは避けられない。

他方で社会を支える働き手である現役世代の割合は急減する。2020年の時点で、韓国の総人口に対する生産年齢人口（15～64歳）の割合は71・1％だ。これは「先進国クラブ」

1－1　韓国の人口割合の推移と予測（1980～2065年）

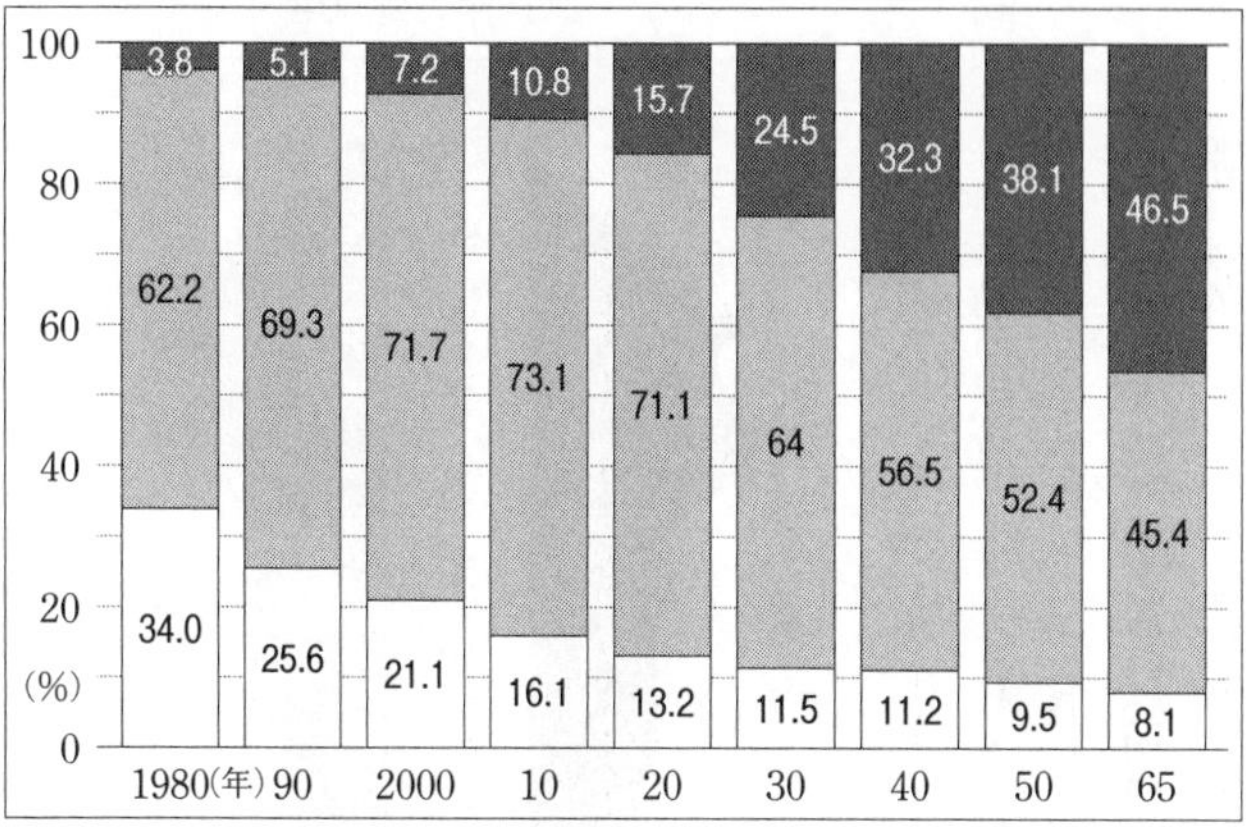

1－2　日本の人口割合の推移と予測（1980～2065年）

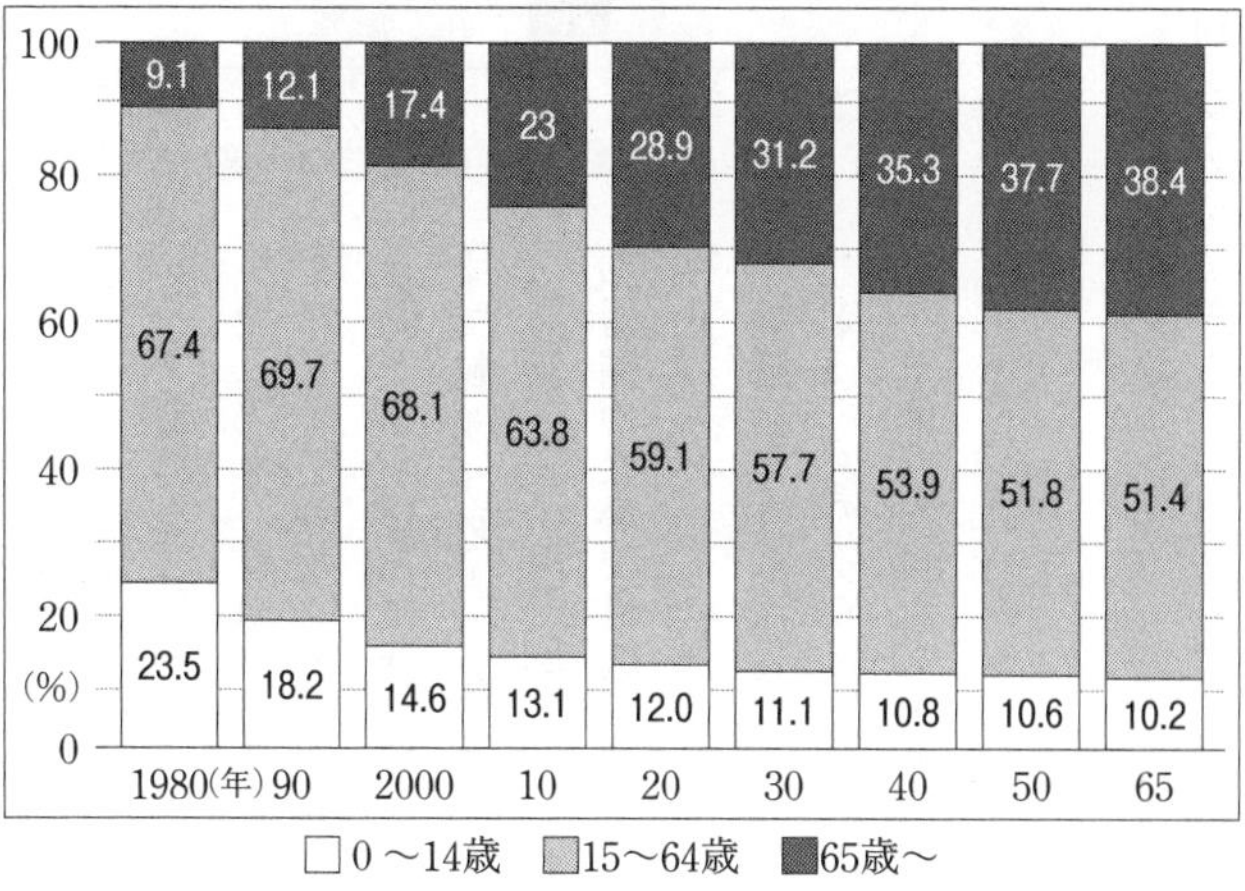

出典：1－1は韓国統計庁「将来人口特別推計」2019年．1－2は内閣府『令和元年版 高齢社会白書』2019年

1-3　韓国の人口ピラミッド
2018年と2060年予測

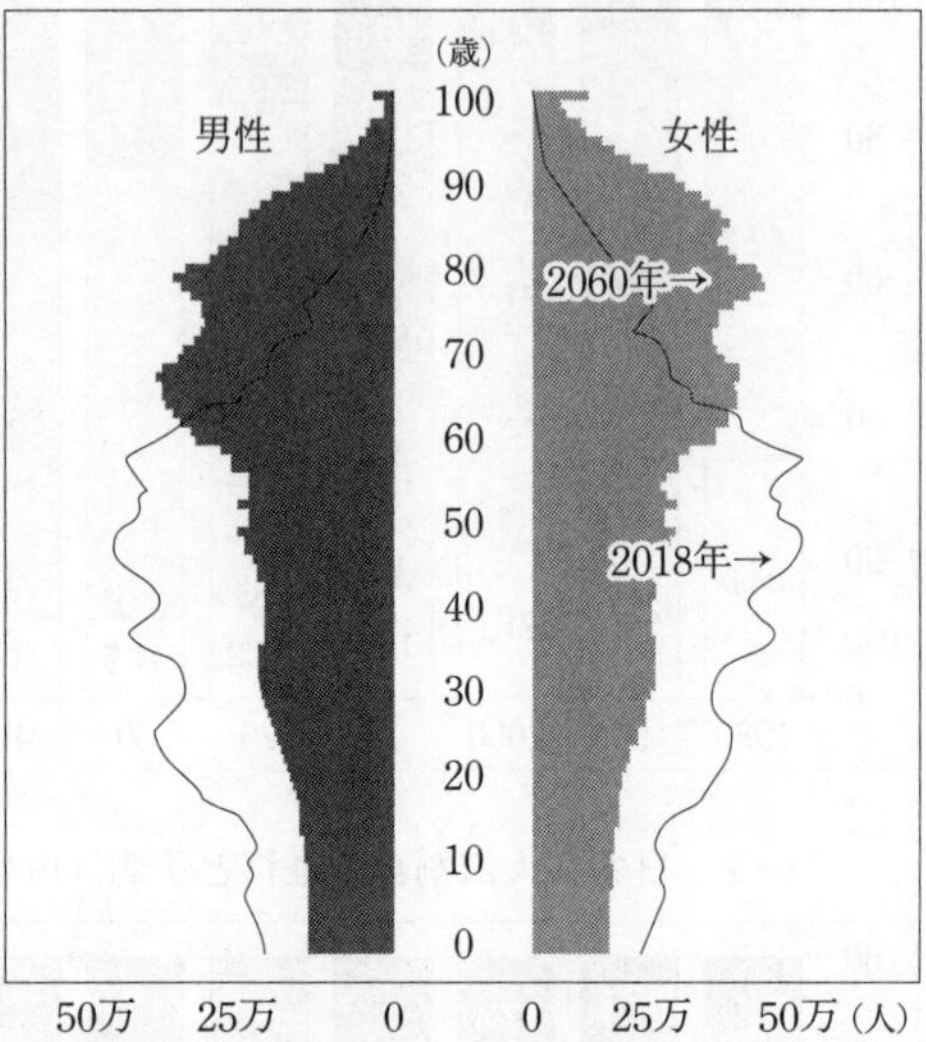

出典：韓国統計庁「高齢者統計」（2018年）を基に筆者作成

と称される、経済協力開発機構（ＯＥＣＤ）加盟37ヵ国のなかでトップである。

ところが、２０６５年になると、この生産年齢人口は、日本の51・4％よりもさらに低い45・4％にまで転落すると予測されている（中位推計）。この割合はＯＥＣＤ加盟国のなかで最低水準であり、変化のスピードの速さが際立つ。

高齢者が多数派となる韓国の近未来は、どのような社会になるのか。全体の人口を年齢順に並べた中間にくる「年齢中位数」は、２０１８年の42・6歳から２０６７年には62・2歳へ上昇する。つまり、総人口の半数が、62歳以上になる。

1-3の人口ピラミッドをみれば明白である。２０１８年の人口ピラミッドは、14歳以下の人口の割合は低いものの、まだ30〜50代の年齢層に厚みがある壺型である。

それが、２０６０年には65歳以上の人口の割合が大きく膨《ふく》らみ、花瓶形に変わる。これは、いまだかつて人類が経験したことのない人口ピラミッドの形である。

２０６０年には、15～64歳の現役世代が絶対数も割合も急速に縮小し、年齢が下になるほど萎《しぼ》んでいく。一方で、５人に１人が80歳以上という超高齢社会になると見込まれている。１９７１年に、韓国史上もっとも多い１０２万人の新生児が生まれているからだ。その赤ん坊が後期高齢者になったとき、韓国は世界トップレベルのシニア大国となる。

1－4　年齢別人口の変化
（中位推計），単位：万人

年齢	2017年	2067年（推計）
0～14歳	672	318
15～64歳	3,757	1,784
65歳以上	707	1,827

出典：韓国統計庁「将来人口特別推計」（2019年）を基に筆者作成

他方で２０１８年の婚姻件数は過去最低を記録しており、20代の未婚率は91・３％に上る。同じく晩婚化が進む日本で20代の未婚率が79・７％であることと比べても、韓国の晩婚化は際立っている。晩婚化が進むだけでなく、生涯未婚率も上昇の一途を辿っている。

１－４は、２０１７年と２０６７年の年齢別人口の変化を表している。65歳以上は、50年間で１１２０万人ほど増える。人口が減るのはもっぱら65歳未満で、この層が今後およそ２３２７万人減ることになる。

50年で人口1200万人が消えるという推計

2017年の韓国は、高齢者を多くの現役で支える「人口ボーナス（bonus）」社会だった。それが2067年には、高齢者を少数の現役で支える「人口オーナス（onus）」社会へと移行することになる。オーナスは重荷や負担を意味する言葉だ。

2017年に3757万人だった15～64歳の生産年齢人口は、50年後の2067年には1784万人に半減する。韓国は、この現役世代の減少幅が日本よりも大きい。総人口が減少するなかで、65歳以上が増加することになるため、総扶養費の負担は格段に重くなる。

2017年には65歳以上の高齢者ひとりを、15～64歳の現役世代5.3人で支えていた。ところが2067年には、ほぼひとりの現役世代がひとりの高齢者を支える、いわゆる「肩車型」社会が到来すると予測されている。

また、2067年の年間死亡者数は72万人と膨れ上がるが、同年の出生数は14万人と見通されており、極端な少子化が、高齢化をより加速させる。現状では出生率は予測を上回る低下が続いている。今後は出産年齢人口が激減していくことから、2067年には出生数は年間5～6万人まで落ち込むという推計もある。

出生数の減少は、現役世代に甚大な影響を及ぼす。高齢者を支える現役世代の扶養負担がさらに増大し、「肩車型」から「重量上げ型」に転じる恐れがある。

世界最高の高齢化率は、低い出生率だけでなく、平均寿命の延びとも関係がある。平均寿命は、２０１７年の82・7歳（男性79・7歳、女性85・7歳）から、２０６７年には90・1歳（男性88・5歳、女性91・7歳）になると予測されている。寿命が延びれば、その分だけ生活費や介護費用が必要になり、貯金や資産がなければ破綻する。

韓国は２００７年に、日本の介護保険制度を参考にした「老人長期療養保険法」を公布し、２００８年から実施している。財政的な負担を最小化するため、日本よりも在宅・施設サービスの自己負担率が高い。高齢化にともない、老人長期療養保険制度の利用者はこれから急速に増加することが予想される。

その一方で、介護の担い手に相当する20～64歳層の人口は半減していく。単身世帯が増加するなか、すでに家族介護も限界に達している。介護人材不足はさらに深刻化する。

韓国の総人口はこの先、急激に減少する見通しだ。出生率と寿命を低く見積もる「低位推計」では、２０６７年に総人口は４０００万人を下回り、３９２９万人に落ち込む。２０１７年から67年にかけて人口が約１２００万人減ると推計されているが、現在のソウル市の人口が約１０００万人であることを考えると、ソウル市がすっぽり消滅してしまう激減ぶりである。

さらに２１１７年には、人口が１１６８万人にまで低下すると見込

1－5　将来人口特別推計
（低位推計）単位：万人

2017年	5,136
2067年	3,929
2117年	1,168

出典：韓国統計庁「将来人口特別推計」（2019年）を基に筆者作成

まれている（1－5）。2017年から100年間で、人口規模が現在の5分の1になるという、衝撃的な予測だ。

ちなみに日本では、2115年には人口が5055万人まで低下すると見通されている。2015年の1億2709万人から100年間で、人口が半減する。韓国ほどではないものの、日本でも人口減のインパクトは大きい。

大規模な移民の流入で生産年齢人口の減少スピードを遅らせることはできても、出生率が低いため、人口減少を食い止めるのに十分な政策とはいえない。日本や韓国では、将来的に人口が増える見込みはほぼない。

人口減・未婚率の日韓比較

超高齢・人口減少社会の到来は、経済成長にマイナスに作用する。韓国の国力低下は免れない。次世代の経済・社会の担い手は縮小し、税収入も低下する。年金や医療など、現役世代が高齢者を支える形の賦課方式の社会保障制度は、立ち行かなくなる。社会保障負担の引き上げか、給付を大幅に削ることによってしか、維持できなくなる。

1－6は、日韓の未来予測を比較したものである。直面する未来には共通点が多い。まず、先述したように人口減少は止まらない。出生率は厳密には合計特殊出生率といい、ひとりの女性が生涯に産むことが見込まれる子どもの数を示す指標である。同規模の人口を維持する

1－6　日韓の未来予測

日　本	出生率	韓　国
1.42	2018年	0.98
	総人口	
約１億2600万人	2019年	約5170万人
約１億192万人	2050年	4774万人
9284万人	2060年	4284万人
5055万人	2115年（日本）／2117年（韓国）	1168万人
	高齢化率	
28.4%	2019年	14.9%
38.4%	2065年	46.5%
	単身世帯の割合	
34.5%	2015年	27.1%
38.7%	2035年	34.3%

出典：国立社会保障・人口問題研究所「人口統計資料集 2015年版」（2016年），韓国統計庁「将来人口推計」（2016年），国立社会保障・人口問題研究所「日本の将来推計人口」（2017年推計），内閣府『高齢社会白書』（2018年），内閣府『少子化社会対策白書』（2019年），韓国統計庁「全国将来世帯推計」（2019年）を基に筆者作成

には2.1が必要とされる。

日韓ともこれから段階的に、人口の４割近くが高齢者となっていく。さらに世帯規模が縮小し、３人に１人が単身世帯となる。これは未婚率の上昇および長寿化の影響で高齢者世帯が増加し、離別や子どもの独立などにともない単身化が著しく進むためである。

世帯の縮小は社会に新たなリスクを生みだす。世帯構成員の数が減れば、家族の支えを前提とした看病や介護、通院介助といったケアは成り立たなくなり、生活リスクはおのずと高まる。家族が担ってきた役割を社会全体で補うためには、社会保障制度をより充実する必要性が増す。

1-7　日韓の50歳時未婚率の推移と予測（2005～45年）

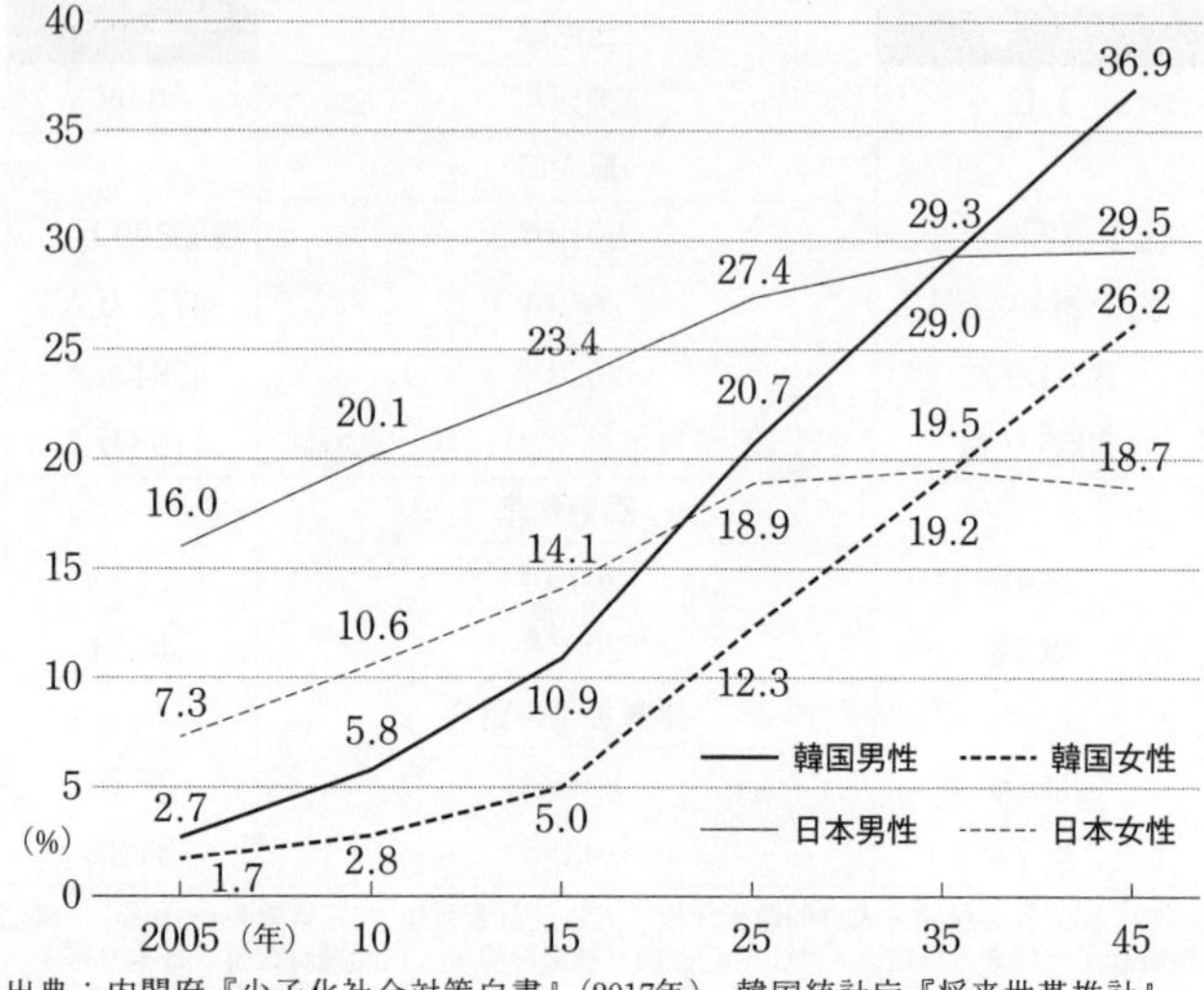

出典：内閣府『少子化社会対策白書』（2017年），韓国統計庁『将来世帯推計』（2017年）を基に筆者作成

未婚化・非婚化の進行も、単身世帯が増えた要因だ。1-7にみるように、日本と韓国は、50歳時未婚率（50歳までに一度も結婚したことがない人の割合を指す）が上昇し続けている。2035年には、日韓ともに男性の3人にひとり、女性の5人にひとりは未婚（非婚）のまま老後を迎えると予測されている。

ただ、1-7にみるように未婚率の上昇幅は、韓国の方が大きい。さらに、2045年になると、日本の50歳時未婚率は鈍化するが、韓国は上昇し続けると予想されている。未婚・非婚の増加の背景には、就職難や教育費などによる経済的問題に加え、若い世代の結婚観が著しく変化したことがある。こうした状況がこの先も大きく変わることはないだろうという悲観的観測が、韓国の未来予測から見てとれる。

2045年の韓国では、男性の3人にひとり、女性の4人にひとりは配偶者も子どももいない。親が亡くなれば、身近な直系家族は誰もいなくなる。中高年の単身世帯比率の高まりはいまだかつてないことだけに、社会に与える影響は大きい。家族形成をしないまま単身で高齢期を迎えれば、家族による介護を受けることは困難になる。孤独死も増えていく恐れがある。

高齢化率、単身世帯の割合、50歳時未婚率のどれをみても、韓国の変化のスピードは日本を上回る。

今後、少子高齢化の影響は社会の広い範囲に及んでいく。とりわけ韓国では国内政治の対立軸として、世代間の利害対立がより深刻化する懸念がある。1-3にみるように、若者の人口面での社会的プレゼンスは縮小する一方、高齢層の有権者の厚みは、大きく膨らむからである。つまり、高齢者の利益にならなかったり、理念と合わなかったりするような政策決定は行いにくくなる。進歩派性向の強い、現在40～50代半ばの世代が70～90代になったとき、大きな政治的変化が起きるかもしれない。

兵員不足、希望は北朝鮮

徴兵制を布く韓国では、兵力不足にも頭を悩ませることになる。兵役により軍隊で任務に就く年齢のピークは、満19～21歳である。2018年時点で19～21歳の男性人口は97万人だが、2040年には46万人に半減する。同期間に入営者数は22万人から9万人に減少すると予測されており、2040年には、2018年の4割しか兵員を満たせなくなる。

国防省は2025年から兵力が不足するとして、現在兵力が約1万人の志願制である「女軍」の兵員をさらに増やす計画にある。多方面で人口減少の影響は避けられない。

近年、血液不足が原因で手術が延期になる事態が起きている。韓国では献血者は10～20代の若者が7割を占めている。10～20代の人口が2019年時点の1190万人から、30年に880万人と26%も減ると予測されるなか、26年からは輸血用の血液不足が深刻化すると危惧されている。

ただ、韓国では人口減少にともなう社会全体の危機感が薄い。対応策として、北朝鮮の人びとを活用すればいいという楽観的な見解も根強い。北朝鮮の生産年齢人口の減少幅は、韓国よりも緩やかであるからだ（1-8）。

現実味に乏しいものの、南北統一がなされれば人口規模自体は増える。このままでいけば2067年には韓国の人口は3900万人となり、人口規模では世界71位まで下がる。北朝鮮と統一すれば人口は6500万人に膨れ上がり36位まで浮上できるという（韓国統計庁

1－8　韓国・北朝鮮の人口展望　（単位：1000人）

区分			2019年	2040年	2067年
総人口		総計	77,375	77,713	64,820
		韓国	51,709	50,855	39,294
		北朝鮮	25,666	26,858	25,526
人口構造	15歳未満	総計	11,545	9,711	7,216
		韓国	6,412	4,984	3,183
		北朝鮮	5,133	4,727	4,033
	15～64歳	総計	55,738	45,820	33,308
		韓国	37,592	28,631	17,839
		北朝鮮	18,146	17,189	15,469
	65歳以上	総計	10,092	22,362	24,296
		韓国	7,705	17,420	18,272
		北朝鮮	2,387	4,942	6,024

出典：韓国統計庁『世界と韓国の人口現況および展望』（2019年）を基に筆者作成

『世界と韓国の人口現況および展望』２０１９年）。

そうなれば少子高齢化問題は緩和され、生産年齢人口も増え、内需市場も拡大するという、統一にともなう膨大なコストを度外視した発想は珍しくない。「統一で、韓国経済は大きく飛躍（朴槿恵《パククネ》前大統領）」、「統一さえすれば、韓国経済にはバラ色の未来が到来（文在寅《ムンジェイン》大統領）」といった将来展望を描く指導者の存在が、人口減少への危機感の乏しさにつながっている。

だが、そうした楽観論も人口動態に一定の裏付けがあればの話である。北朝鮮の２０１８年時点の出生率は1.9と、韓国同様に少子化が進んでいるのが実態だからだ（『聯合ニュース』２０１８年６月30

日)。

2　家族形成の格差——結婚・子育てが楽しそうに見えない

日本の先を行く晩婚化

韓国は日本の先を行く超少子化国である。韓国の大手新聞の社説は、もう何年も前から「もはや誰も子どもを産まなくなる。遠からず大韓民国は消滅する」と警鐘を鳴らし続けている。

文在寅大統領は2017年の就任直後の演説で「この10年間で少子化対策に130兆ウォンも費やしたのに、まったく効果がなく解決する兆しもない。このままでは早晩、国家的な危機を迎える」と憂《うれ》いた。

文在寅政権は少子化対策は大韓民国の命運を左右する最重要事項であるとして、働き口の創出と第四次産業革命対応策とともに国政の三大優先課題に定め、少子化対策関連予算に国家予算の5.2%を占める約21兆ウォン(2018年度)を計上した。2018年には、親の所得と関係なく16歳未満のすべての児童を対象に月10万ウォンを支給する児童手当制度を導入した。

しかし、政権発足翌年の2018年に出生率は0・98と、初めて1を下回り世界最低水準

1－9　**出生児数と出生率**（2007〜19年）

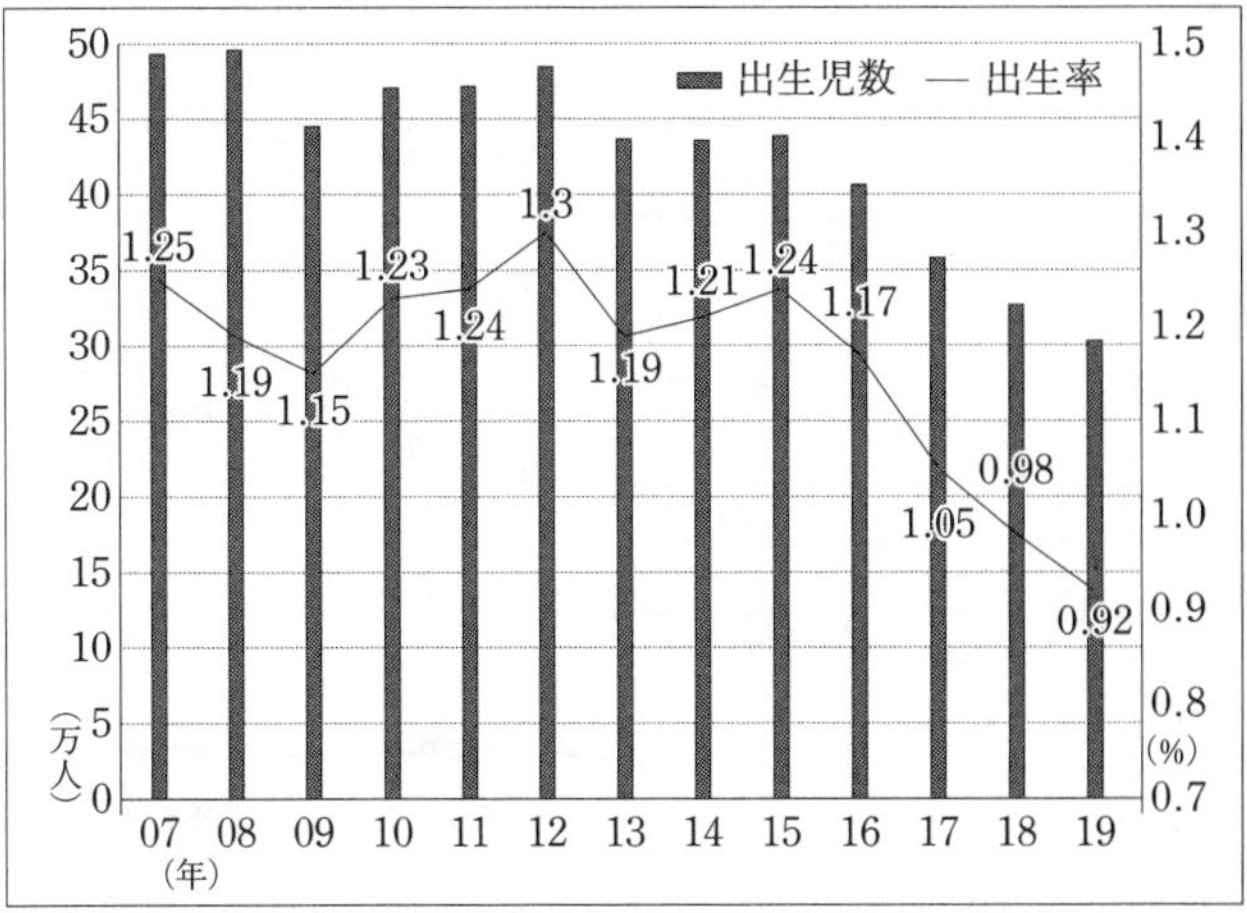

出典：韓国統計庁による各年度の発表を基に筆者作成

を記録した。2019年には0・92と、さらに低下した。日本（19年＝1・36）と比べても格段に低く、出生率の低下に歯止めがかからない。出生児数の落ち込みも激しく、2019年は前年比で7.3％も減少している（1－9）。これらの数値は、韓国社会の生きづらさを反映しているといえる。

若年層の人口減少も重なり、出生率低下に打つ手なし、と袋小路に追い詰められている状況にあるのが、いまの韓国である。

韓国でこれほどまでに少子化が進んだ理由は何か。出生率低下の直接の原因は、妊娠可能な女性人口の減少と、未婚者の増加および晩婚化である。

韓国統計庁の「2015年人口住宅総調査」によれば、25〜29歳の韓国女性の77％が未婚である。35〜39歳になっても、5人

1-10　日韓の平均初婚年齢の推移（2009～18年）

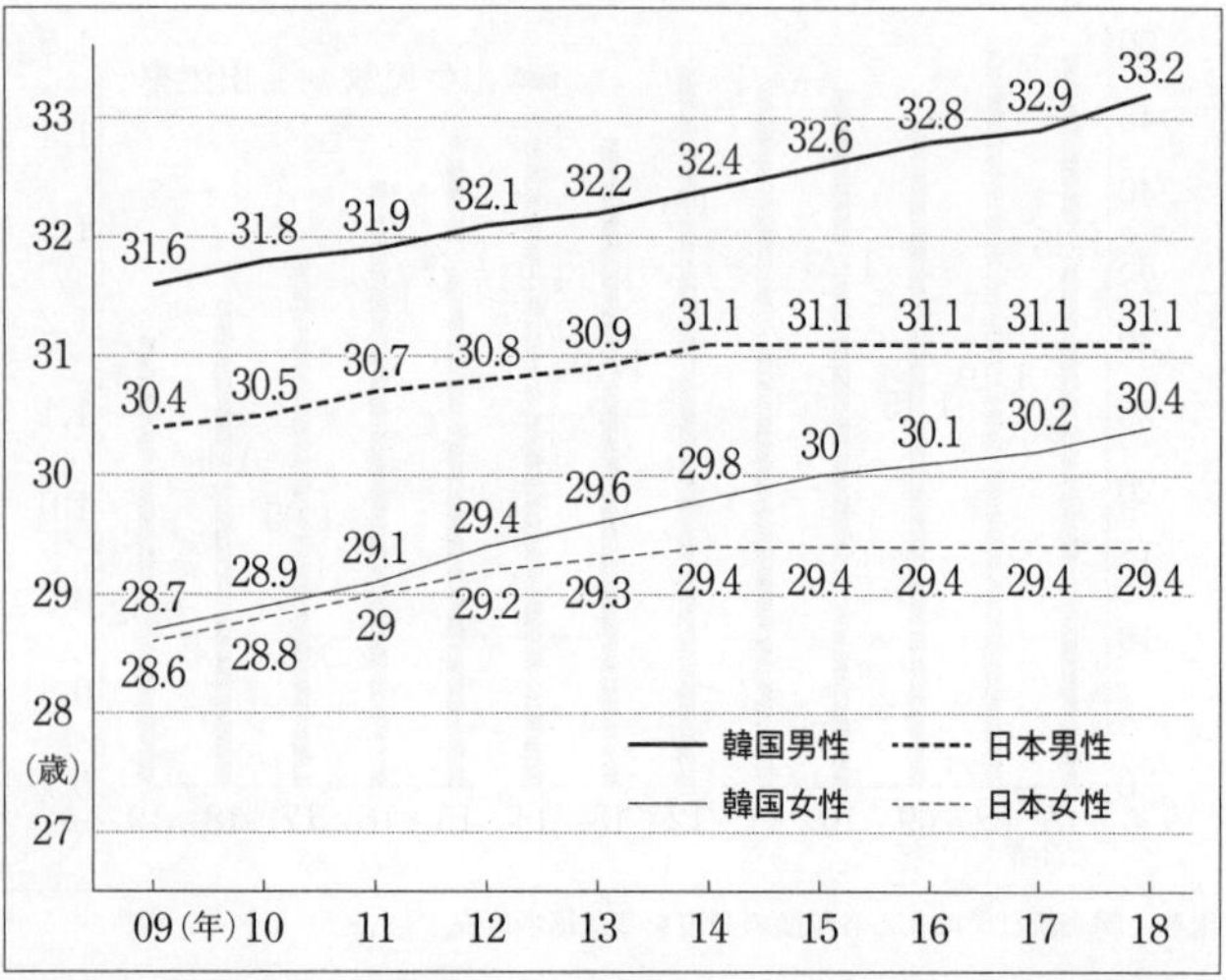

出典：厚生労働省「人口動態調査」，韓国統計庁「人口動向調査」各年度を基に筆者作成

にひとり（19・2％）は結婚していない。婚姻の減少は少子化の最大の要因であり、その後も未婚率は上昇の一途を辿っている。

初婚年齢も同様に上がり続けており、いまや晩婚化は日本の先を行く（1-10）。2018年の平均初婚年齢は男性が33・2歳で、初めて33歳を上回った。女性は30・4歳と、日本より1歳高い。

同年の人口1000人当たりの婚姻件数を示す粗婚姻率は5件で、関連統計が作成されて以来、過去最低水準を記録した。今後も記録が更新されていくとみられる。

もう一点、日本にはみられない、韓国ならではの問題もある。199

5～2000年にかけて、女児100人に対し男児が平均114人（第三子では男児が180人）と、男女の性比がかなりアンバランスな出産が続いたことだ。息子ほしさに、妊娠した胎児が女児だとわかると中絶するケースが多かったからである。

この影響で彼らが30歳を超える2020年代後半から、同世代では男性の方が女性より20％ほど多くなる。こうした極端な性比の偏りは、婚姻件数および出生児数に大きな影響を及ぼす恐れがある。

高年収か安定職でなければ

男性の未婚率が高くなる理由は明白で、「就職できないから」か、あるいは「安定した職に就けないから」である。

それでは、結婚しているのはどのような男性か。労働社会研究所のキム・ユソンの調査「少子化と青年の職」（2016年）によれば、20～30代でも年収が上位10％に入っている男性の82・5％は、結婚している。つまり、未婚か既婚かの分かれ目となる最大要因は所得である。

地域別にみると、ソウルの行政機能の一部が移転され、省庁や公的機関が集中する世宗《セジョン》市、韓国屈指の工業地帯で現代《ヒョンデ》グループの工場が多数ある蔚山《ウルサン》市は、粗婚姻率がきわめて高い。さらに世宗市は出生率が、全国トップである。

つまり、経済基盤が安定しているか、製造業でも財閥系の正社員といった安定職に就いている男性は、婚姻率や有子率が高い。

男性は家計を支える一家の稼ぎ手という価値観は、男女双方の意識にいまだ強く刷り込まれている。韓国保健社会研究院のキム・テワンらの調査（2017年）では、74・2％の女性が結婚相手に300万ウォン以上の月収を求めていた。これは日本でも共通する。日本の統計をみても男性では明らかに所得が低いほど未婚率が高い。

社会学者の筒井淳也によれば、若年層の雇用が不安定化した欧州の一部では、不足する所得を補い生活水準を上げるため、他に所得がある人と生活をともにしようとするインセンティブが働き、同棲または結婚が後押しされる傾向がみられるという。韓国もまた若年層失業率が高い国だが、そうした傾向はみられない。その理由は、同棲が一般的でないことに加え、結婚という制度婚に踏み切るために多額の費用がかかるからである。

韓国では結婚をすること自体の費用負担が、日本と比較してもかなり重い。結婚はいまだに家同士の格やつながり、体面が重視される傾向が強く、籍だけ入れて済むものではない。人に見せるための盛大な結婚式が好まれ、本人たち以上に親が、自分の友人や知人、近隣の人びとにまで結婚式の招待状を配る。参席者の人数は、ステータスの指標となるからだ。

最大の問題は、結婚後に住む家の確保である。韓国独自の住宅賃貸制度として、賃貸でも高額な保証金を貸し手に払うことが必要となる。準備できる金額により居住できる物件が高層マンションになるか、「半地下」の家になるかが決まる。

正社員でなければ銀行の融資額も限られる。親に資産がなければ、安定した収入や貯蓄ができるまで、結婚は先延ばしにされがちである。家が借りられなければ結婚生活が始められないからだ。

昨今の住宅価格や賃貸保証金の高騰は、結婚をさらに非現実的なものとしている。ソウル市内のマンションの平均実売価格は、２０１９年に（8億５０００万）ウォンにのぼり、上昇し続けている。35歳の正社員の平均年収のほぼ16年分といわれる額だ。しかも、２０１２年と比較してほぼ2倍に上昇している。

賃貸の保証金もうなぎ上りだ。保証金の額は不動産の取引価格の5～8割程度が目安となるが、年単位で引き上げられることがあり、保証金の積み増しができず家を追われるケースも少なくない。

文在寅政権は、不動産の高騰を防ぐため都市銀行の住宅担保ローンの上限額を大幅に引き下げ、40％までしか融資を受けられないようにした。こうなると、かなりまとまった頭金や貯金があるか、親から相当な支援がなければ、ソウルでマンション購入はきわめて難しい。

そのため、結婚する子どものために親が居住中のマンションを子世帯に譲り、自分たちは手狭な家に移転するケースが出始めている。

女性たちの結婚へのネガティブイメージ

近年の韓国では、結婚への価値観に大きな変化がみられる。その傾向は女性に著しい。韓国人口保健福祉協会の調査（2019年）では、20代女性の57％が結婚する意思がない（男性は37・6％）と答えている。子どもを産むつもりがないという回答は71・2％にのぼった。大学生や20代の女性と話すと、驚くほど同じ台詞《せりふ》を口にする。

「結婚ですか。したくありません」というものだ。

その理由を訊くと、「必要がない」「ひとりがいい。自由でいたい」「結婚しないと不幸という時代ではない」「いまの生活が気楽。手放したくない」「結婚は女だけが損する」「仕事、家事、育児で過労死する」「誰かの妻・嫁・母親になりたいという気持ちがない。個の自分でいたい」「結婚するということは、旧来の家父長制を受け入れることになる」。

結婚を夢みたり、希望したりするより先に、結婚へのネガティブなイメージや忌避感がまず前面に出てくる。若い女性の間で結婚願望は大きく低下している。

日本でも未婚や非婚は増えているが、日韓の調査を比較すると韓国女性の方が日本の女性よりも結婚へのネガティブな感情が強く、育児のたいへんさに意識が向いている。

たとえば、韓国女性政策研究院の調査（2019年）によれば、「結婚に負担を感じる」と答えた女性は、日本では32・3％だが、韓国では64・0％と日本の倍である。「子どもがいると就業やキャリアに制約を受ける」と考える女性は、日本の35・6％に対し、韓国では

77・2％と、日本の倍以上多い。

韓国は日本よりはるかに、女性の結婚や出産への心理的ハードルが高い。この背景には何があるのだろうか。

雇用の不安定化に対して、男女がカップルになり共働きで生活を維持することは、本来は合理的な戦略となるはずだ。だが、未婚率は増加の一途を辿っている。それは、結婚を合理的な選択と考える女性が多くないからだ。

結婚のメリットが相対的に下がったと考えられているのは、共働きが増えたにもかかわらず家事・育児といった家庭責任は女性に偏っているからだ。一日に家事や子育てなどに費やす時間は、日韓ともに男性の40〜50分に比して女性の方が3時間近く長いが、年間労働時間は２０１６年時点で２０５２時間（日本は１７２４時間）と、長時間労働が常態化している。こうした労働環境では、家事の負担に加え、子どもがいれば時間が制約されるため、仕事に影響が出るのは必至だ。

結局、仕事か結婚・出産かの二者択一《トレードオフ》に悩まされ、キャリア形成を望むほど、機会費用の問題から結婚はしなくてもいい、子どもは持たないという選択に傾く。

アジア通貨危機が変えた意識

正規雇用の女性が出産退職でひとたび労働市場から退出すると、次に就ける職の大半はパートタイムで、よい仕事を見つけることが困難になる。逸失利益は大きい。ここまでは、日韓の女性が直面している共通の困難といえる。

異なる点があるとすれば、韓国で20～30代女性の意識に大きな変化が起きたことである。1997年末のアジア通貨危機を契機として、専業主婦志向は一変した。それまで家計の大黒柱として家族を養ってきた父親世代が、大量にリストラや失業の憂き目にあった。1997年11月から1998年7月にかけて雇用者数は1割弱減少し、失業率は2％台から一気に7.9％に跳ね上がった。離婚は急増し、家族解体や家庭崩壊が相次いだ。

『朝鮮日報』記者の金秀恵《キムスヘ》の取材によれば、通貨危機当時、まだ子どもだったこの世代の多くが、家財道具に差し押さえの赤札を貼られた経験をしていたと言う。

夫の失職で危機に瀕した家庭では、それまで専業主婦であった妻たちがやむにやまれず家政婦や食堂店員、販売員、配達員となり、家計を支えるため奔走した。家父長的な韓国の家族形態はここで大きな打撃を受けた。「男性稼ぎ手モデル（片働き）はリスクが大きい」という危機意識が共有されるようになったことは、女性の社会進出の必要性を実感させる起爆剤となった。

この頃から、「お前の人生の目標は結婚だ」と叫ぶ父親がいた家庭でも、まずは就職して安定した職と収入を得ることが優先事項となる。

娘よりも息子優先、娘の学歴はよりよい配偶者と結婚するための条件くらいに考えていた親の意識も、劇的に変わった。少子化の進行で子どもの数が少なくなったからである。かくして娘たちは受験戦争での勝利を目指すようになり、大学進学率は男子を追い抜いた。

子どもの数が1〜2人へと減ったことで、娘たちは以前よりもはるかに、大事にされるようになった。息子の代わりに、または息子に劣らぬ教育投資を受け高学歴者となった娘たちはまた、親の期待を一身に受けるようになる。

2010年代に、20代の韓国女性の7割以上が大卒者となっている。2010年代以降、女子の大学進学率が同世代の男子を8〜10ポイント近くも上回り続けているのには、こうした背景がある。娘に莫大な教育費を投資した家庭ほど、学歴に見合う仕事に就き、キャリアを積んでほしいと切望する。親たちが以前のように、子どもに結婚するよう圧力をかけたり、急かしたりしなくなったことも、未婚や晩婚の進行の一因となっている。

女性の働く意欲は確実に高まり、社会進出が進んだ。大卒の「未婚」の男女の賃金格差は、縮小傾向にあり、「大企業」の「正社員」に限れば、20〜30代での男女差はほぼなくなった。

男性に経済的に依存をしなくても生活できる女性の層が厚くなったことで、結婚の必然性は薄れた。かくして、結婚は誰もがいつかは必ずしなくてはならないものではなく、選択するものとなり、次第に、別にしてもしなくてもいいものへと変化したのだ。

子どもを産まない理由

日本では結婚した男女からは、いまでも平均して2人近くの子どもが生まれている。韓国では1・33人にとどまり、日本より少ない。

各種の調査で「子どもを産まない」理由のトップに挙げられるのは、「養育費や教育費がかかりすぎる」である。特に習い事や塾通いなど、学校外の教育費が家計に占める割合の高さが大きな負担となっている。熾烈《しれつ》な受験競争が続き、教育費は高止まりしたままだ。韓国の保健福祉省によれば、子どもひとりを4年制大学に進学させ卒業させるまでにかかる費用は、少なくとも3億ウォン超（日本円で約2600万円）に上る。

そもそも職に就けなかったり、不安定な非正規職にあり生存権が脅かされている若者が、「自分自身が生きていくことで精一杯で扶養家族なんて持てない。自分のことしか責任持てない」「弱者が弱者（子ども）を抱えたら共倒れ」と言うのは無理もない。

生活の質が悪化するなか、子どもを産むことで生じる新たな経済的負担を回避したい、という意識は、日本でもかなり共通したものがあるのではないだろうか。

ただ、ここでも看過できないのが、韓国女性が結婚のみならず出産・育児に対してもネガティブな感覚を強く持っている点である。

若い女性たちは「子育てが楽しそうに見えない。自己犠牲の上に成り立っている」「これは出産スト。国の対策が全然できていないことに対する抗議活動」「働きながら子どもを産み育てる環境がまるでない」「教育にお金がかかるし、受験は情報戦で母親の負担が大きすぎる」「子どもに自分のようなたいへんな思いをさせたくない。必死で勉強しても就職すらできないのに」と口をそろえる。

韓国の若い女性たちは、想像以上に厳しく現実を見ているともいえるが、出産や育児で得られる喜びや楽しみには想像力が及ばないようにも見える。だが、そうした想像さえもさせない現実の厳しさがあるとしたら、それはいったい誰の責任なのであろうか。

第5章で詳述するが韓国でミリオンセラーとなり、日本でも2019年にベストセラーとなった小説『82年生まれ、キム・ジヨン』は、1982年生まれのひとりの女性を主人公に韓国社会での生きづらい現実を描いている。仕事を辞めて育児をするうちに精神を患った主人公ジヨンは、夫にこう叫ぶ。

「死ぬほど痛い思いして子どもを産んで、自分の生活も、仕事も、夢も捨てて、私の人生、私自身、すべて放棄して子どもを育てているのに……」

この台詞を読んだ若い世代が子どもを産みたくなくなっても、不思議ではないように思われる。

この間、韓国政府はこの現実をどう見つめていたのだろうか。韓国の少子化政策とはどのようなものであったのだろうか。

3 政権の理念なき対策 I――無償保育の迷走

2004年に始まった「出生促進政策」

韓国で少子化が社会問題として浮上したのは、2000年以降のことである。2003年に出生率が1・19まで低下し、世界で最も出生率が低い国の一つとなった。出生率の低下は短期間で急速に進んだが、そのあまりの変化の速さに政府が追い付けず、有効な手立てを打つのが遅れた。当時の韓国はその少し前まで、子どもを少なく産もうという「人口抑制政策」を採っていたことも大きく影響している。出生抑制政策は1996年に終わったが、皮肉なことに8年後の2004年からは、今度は人口を増加させるための「出生促進政策」を推進することになった。

かつて経験したことがないほどの少子化現象に対し、韓国の歴代政権はどのような対応策を打ち出してきたのだろうか。

出生率の急激な低下にともない、盧武鉉《ノムヒョン》政権期に少子化対策は本格化した。2005年に「低出産・高齢社会基本法」が制定されたが、法制定の目的として「国家の競争力を高め、国民の生活の質の向上と国家の持続的な発展に貢献すること（第1章総則第1条）」と明記されている。少子化の進行は、国内経済や国際競争力に打撃を与え、国家の発展を阻害する脅威となる問題として捉えられたことがわかる。

だが、ここからすでにボタンの掛け違えがあった。労働人口減少への危機感から制度設計された少子化対策であっただけに、子どもを産み育てやすい社会の実現ではなく、女性の労働力化に主眼が置かれたからだ。

働く女性が出産しやすくする。出産した女性には育児と仕事を両立させて労働力となり、国家の持続的発展を支えてもらう。そのため盧武鉉政権は、子どもを家庭だけでなく社会全体で育てるという「育児の社会化」を掲げた。

２００６年には、「第一次低出産・高齢社会基本計画（２００６～10年）」が樹立された。産休・育休制度を活性化し、短時間勤務制度を導入するなど、出産後も女性が働き続けられるよう各種の制度整備が進められた。

２００７年には「男女雇用平等法」が「男女雇用平等と仕事・家庭両立支援に関する法律」に名称変更され、仕事と育児の両立支援制度の強化に拍車がかけられた。

保守的な女性運動団体は「出産は愛国だ！」というスローガンを掲げ、出産は女性の義務であることを若い女性に呼びかけるという趣旨の出産奨励運動に乗り出した。

続く李明博《イミョンバク》政権は、「第二次低出産・高齢社会基本計画（２０１１～15年）」に基づき、一定規模以上の企業に従業員のための保育施設の設置を義務づけるなど、財政的な負担の一部を企業に課し、官民一体となった取り組みを求めた。

1-11　歴代政権の主な少子化対策（2004～18年）

盧武鉉	05年	「低出産・高齢社会基本法」制定 「低出産・高齢社会委員会」設置 「母性保護関連３法」改正　出産前後休暇制度拡充など 流産・死産休暇制度導入
	06年	第一次低出産・高齢社会基本計画（2006－10年）樹立 ・結婚・出産・養育に対する社会的責任強化 ・ファミリー・フレンドリーで男女平等な社会文化醸成 ・健全な未来世代の育成 公的保育拡大、低所得層に保育費支援、育児休業奨励金拡大、養育手当支給、多子家庭への支援拡大、育児休業給与拡大、放課後学校拡大、ファミリー・フレンドリー企業認証制度導入など
	07年	「男女雇用平等と仕事・家庭両立支援に関する法律」施行 出産休暇制度、育児休業制度の強化など
	08年	「多文化家族支援法」制定 育児期の短時間勤務制度導入
李明博	11年	第二次低出産・高齢社会基本計画（2011－15年）樹立 ・ワークライフバランスの日常化 ・結婚・出産・養育負担の軽減 ・児童・青少年の健全な成長環境の醸成 無償保育対象者を中産層に拡大、養育手当対象者拡大、妊娠・出産・不妊治療費支援拡大、児童保護専門機関拡大、柔軟な勤務形態促進、企業内保育所設置義務化および運営支援拡大、育児休業制度改善、国際結婚家庭の子女への保育費・教育費支援など
	12年	「男女雇用平等と仕事・家庭両立支援に関する法律」改正 配偶者出産休暇の有給化など
朴槿恵	13年	無償保育（保育料・幼児教育費支援）の対象を所得制限を付けずに全世帯に拡大
	14年	父親育児休業ボーナス制導入　父親の育児休業促進など

朴槿恵	16年	第三次低出産・高齢社会基本計画（2016 - 20年）樹立 ・若者の雇用活性化・住宅対策の強化 ・出生に対する社会的責任の強化 ・個人のニーズに合った保育の拡大 ・教育改革 青年就業プログラム導入、新婚夫婦などへの住宅支援強化、不妊治療費支援拡大、妊娠・出産にともなう医療費負担軽減、企業内保育所の設置拡大など
文在寅	18年	児童手当導入
	20年	家族ケア休暇制度新設

3歳未満の保育所利用率は急速に上昇し、2012年になると日本の25・3%に対し、韓国は62・0%と、日本を上回るようになった。これは育休取得ができなかったり期間が短かったりで、産んですぐに乳幼児を預けて働く女性が増えたためである。

この頃になると、第一線で働く財閥系企業や大手金融機関の女性は、朝7時に企業内保育所に子どもを連れて行き、急な会議が入った日には、夜10時まで保育所に子どもを預け、寝入った子どもを抱えて帰宅するという生活が可能になった。

これらの企業内保育所では子どもに朝食や夕食も提供されるため、出産後も男性同様の働き方、つまり長時間労働ができた。子どもが小学生になると、夜遅くまで塾や習い事のはしごをさせて、家にひとりで留守番することがないようにさせる。

ただ、こうした一部の恵まれた女性が第二子を産むかどうかは別問題で、この間も出生率は下がり続けた。

朴槿恵政権下で策定された「第三次低出産・高齢社会基本計画（2016〜20年）」では、若者の就職支援や新婚夫婦の住宅支援策といった、現実的な政策も進められるようになった。少子化の要因は、未婚や非婚の増加が主要因であるという指摘がなされるようになったからである。不妊治療や超音波検査、無痛分娩への健康保険の適用なども始まった。

他方で典型的なポピュリズム政策として導入されたのが「無償保育」である。大統領選挙で勝つために朴槿恵が掲げた公約だが、のちにこの政策は大きな副作用を生み出すことになる。この点については後述する。

男性の育休活性化

文在寅政権下では、新たに児童手当が導入された。とりわけ力点が置かれたのは、父親の育児参加の促進である。男性の育児休業（育休）取得を促進するためのキャンペーンが大々的に進められ、育児休業給付の大幅引き上げ、育休取得率を企業評価に反映させるなど、父親の育児参加促進へと軸足が移された。

政府の方針に歩調を合わせ、ロッテグループといった大手財閥系企業は、男性の育休を義務として制度化し、育休を取って子育てに勤《いそ》しむ父親の姿を美しく描いた「男性の育休CM」を流し、評判となった。

２０１９年に育休を取得した男性は約２万３０００人で、初めて2万人を突破した。平均取得期間は、約5.8ヵ月となっている。

男性の育休取得者は前年度比で約2倍増の勢いで増えている。とはいえ、取得可能な男性の13・4％にしかすぎず、育休取得者全体でも男性が占める割合は21％だった。そのため、男性の育休を義務化する法案も発議されている。

ちなみに日本では、2018年に育休を取得した男性は1万9000人で、取得率は6.1％にとどまる。日本政府は2025年までに30％にする目標を掲げている。

国連児童基金（unicef）（2019年）によれば、韓国は男性の育休制度がかなり充実している国となっている。有給の育休期間の長さなどによる国際ランキングで、韓国は41ヵ国中2位につけているのだ（1位は日本）。日韓両国とも、育休制度自体はすでに国際的に高い水準にある。

ただ、どんなに先進的な男性の育休制度が整えられていても、取得をためらわせる空気が職場にあったり、評価が下がる、昇進に影響が出るのではないかと案じたりすれば取得はできない。

韓国リサーチの調査（2019年）では、実際に育休取得を申請できない理由として「昇進などに不利益を被る（36％）」と並んで多かったのは、「所得が減ること（31％）」だった（『韓国日報』2019年10月19日）。育休期間中の所得ロスによる家計への打撃が取得を妨げているなら、それを取り除けばいいと、政府は育休期間の所得代替率を大幅に上昇させる策を講じた。

現状では、育休開始3ヵ月は通常賃金の6割、その後は5割が支給される。ひとりの子どもに対し両親がいずれも育休を使用する場合、2番目に育休を取得する親には、通常賃金の100%が3ヵ月間支給される。育休は満8歳、または小2以下の子どもの養育のためなら、いつでも分割申請が可能だ。

そのため育休はまたとない有給の長期休暇を取得する権利であり、子どもと過ごす時間が得られる絶好の機会であると、ポジティブに捉える男性が増えている。

たとえば、6歳の娘の世話をするために育休を申請し、6ヵ月もの間、父子で世界半周旅行に出かけた父親の旅行記がメディアで大きく取り上げられ、羨望《せんぼう》の眼差しを浴びた。「共働き」に加え、「共育児」が、これからの時代の幸せな家庭の条件だと力説する男性もいる。ある中堅企業の社員は5ヵ月の育休を終え職場に復帰したところ、「あいつが育休取ったなら自分も」と、後に続く同僚や後輩がドミノ式に増え、職場で育休の機運が高まったという。

「ひとりが勇気を出して一歩踏み出せば、周囲に伝染して雰囲気が変わる。制度だけでは、意識は変わらない」と彼は言う。

父親が妻の代わりに育休を取得するドラマも目につくようになった。映画版『82年生まれ、キム・ジヨン』では、精神的におかしくなったジヨンの社会復帰を助けるために、夫が育休を申請しようとする場面が登場する。原作の小説にはなかった設定である。

男性の意識と行動が、徐々に育休制度に追いつき始めている。ただ、育休期間以外も子育ては続く。日本と同様、韓国でも男女の家事・育児の分担格差はとび抜けて大きい。

文政権はさらに、労働者のワークライフバランスを実現させ、男性の家事や育児参加を促すため、「週52時間勤務制」を柱とする改正勤労基準法（日本の労働基準法に当たる）を施行し、残業時間を含む1週間の労働時間の上限を68時間から52時間に制限する労働時間短縮を法制化した。

長時間労働の見直しなどの根本策は、方向としては正しい。ただし問題は、週52時間勤務制が導入の対象企業は、現行（2019年）では従業員数300人以上の企業とされ、大企業の社員にのみ恩恵があるという点だ。これでは賃金労働者の約12％しか適用されない。

日本に先駆けた無償化

当初、韓国政府は日本の少子化対策を参考にした政策立案に腐心していた。2000年代前半に筆者は、保健福祉省に聴き取り調査に行くたびに、日本の少子化対策の翻訳を頼まれたほどだ。

しかし、出生率がなかなか好転しなかったことから、韓国政府は日本の少子化対策にはない、独自の政策をいくつも打ち出すようになった。いずれも日本に先行して進められた政策で4つに集約できる。

第一に、無償保育の実施である。韓国の無償保育は、子育て費用を減らすことを目的に、0歳児から5歳児を対象にした保育施設を、誰もが無料で利用できるようにした。日本に先駆けて2013年から実施している。

第二に、国際結婚により韓国人の配偶者となった結婚移民女性に対し、少子化対策の一環として、きわめて手厚い支援策を行っている。未婚・非婚が急増するなか、国際結婚は結婚難や少子化問題の解消に寄与するとして、多額の国家予算をかけた支援策が打ち出されてきた。

第三に、教育費への対応策である。とりわけ子どもひとりにかかる教育費の負担で第二子の産み控えが起きていることから、学校外教育費の負担を軽減することが重要な少子化対策として捉えられている。

第四に、条件付きでの重国籍の容認である。対象者は、生まれながらに韓国籍と外国籍を持つ重国籍者、高度な技能を持つ外国人や韓国系外国人らである。第二の国際結婚家庭への支援策と併せて、この重国籍を認める政策は「韓国人増加プロジェクト」と呼ばれている。

この4つの政策にみるように、韓国の少子化政策は、大きくは二つの柱から成る。一つは出生率を高める対策、もう一つは人口減少への対応策である。

順番にみていこう。まず、出生率を高めるための政策として策定された無償保育である。

「安心して預けられない」

２０１２年の大統領選挙の公約として掲げられた無償保育は、朴槿恵政権の目玉政策として推進された。当初は子どもの年齢や保護者の所得などの制限付きであったが、２０１３年から0〜5歳児を持つ全所得層を対象に、無償保育が実施された。

支給される保育費は月額最大で77万７０００ウォン（6万７６００円）で、保護者が毎月「子ども幸福カード」で決済する。カード機能には、交通機関、病院、遊興施設、薬局、飲食店、スーパーなどの割引機能もついている。

鳴り物入りで導入された無償保育だが、少子化対策としての効果は限定的だった。一方、無償保育により子どもを預けて働きに出る母親が増えた。つまり、母親の労働供給を増加させる効果があったことは、プラス要因として作用している。

ただ、これは少子化対策とはいえない。需要に供給が追いつかず保育の質の低下が深刻になったことは、結果として子育て不安を煽《あお》ることになったからだ。

無償保育は導入前から反対意見が少なくなかったが、導入した後も否定的な声が強い。

専門家が指摘するのは、第一に、巨額の予算を投入する無償保育のようなバラマキ政策を実行する前に、まずは公立の保育園を増やすこと、第二に、全体の9割を占める民間保育園の質管理の徹底を優先すべきだということである。保育の質が担保されない民間保育園が多数を占める状況での無償化がもたらす結果は、火を見るよりも明らかだと批判する。

1997年のアジア通貨危機以降、韓国では共働き家庭が急増したが、親たちの最大の悩みは「安心して預けられる保育施設がない」ことだった。国公立の保育施設はこの20年間、全体の1割を超えたことがない。どの政権も国公立保育園の増設を掲げてきたが、増加率は10年のスパンでも7.2％（1998年）から7.8％（2017年）と微増にとどまる。国公立保育園の利用者は全体の12・9％にすぎない。

国家公務員の子どもの優遇

一方、9割を占める民間の保育施設の質のバラツキは以前から問題となっていた。保育士による子どもの虐待、放置、死亡事故、質の悪い給食などがニュースとなる劣悪な施設もあれば、半地下や地下の窓もない一室に、年齢の違う園児が押し込められているところもある。

これに対し、中央省庁で働く国家公務員向けの保育所には、広い園庭に専用の室内砂場室や水遊び部屋、図書室などが設けられ、乳児室には寝かしつけ専用のロッキングチェアが並ぶ、豪華な施設もある。

英語や読み書きの教育プログラムが充実した公立の保育所もあれば、オーガニック野菜を使用した栄養バランスのとれた給食が朝食から夕食まで三食提供され、深夜23時まで子どもを預かる民間の企業内保育所もある。

いまだに先着順や園長の裁量で入園が決まる施設も少なくないため、妊娠と同時に保育園探しはスタートするが、良質な保育施設に子どもを預けられるのは、ほんのひと握りの恵まれた層だけである。こうした保育施設や質の格差が大きな状況での無償化では、後述するように多くの問題が発生している。

無償化政策が批判されているもう一つの理由は、対象者の拡大で予算額が膨張しているものの、出生率は下がり続けており、少子化対策として有効ではないというものである。

政策の本来の目的は、子育て世帯の経済的負担を減らし、出生率を引き上げるためであった。だが、保育費の無償化は子どもを産む直接的なインセンティブにはなりえない。保育が必要なのはほんの数年間で、その後も子育ては続き、莫大な養育費と教育費がのしかかるからだ。

また、所得制限なしの無償化により、もっとも恩恵を受けたのは高所得世帯だった。これは税金の使途として公平性に欠ける。

実際に、無償保育の導入以降、高所得層世帯は無償になった分の余裕資金を習い事などの教育費に支出しており、高所得層世帯（所得上位20％）と低所得層世帯（所得下位20％）の間では、私教育費の支出の差が拡大している。

誤算——保育ビジネスの乱立と質の低下

韓国では、子どもを安心して託せる保育園が少ない。そのために働けない、または仕事を辞めざるをえない状況に追い込まれている現実がある。

本来なら良質の保育施設を増やし、保育の質向上に優先的に使われるべき予算が、保育の無償化に振り向けられた理由は、朴槿恵前大統領が「子育て世代の経済的負担を解決します」と選挙公約に掲げたからだった。政権の実績作りの一環として性急に進められた保育の無償化は、さまざまな副作用を生み出した。

まず、無償化により利用者が増えたことで、民間保育園では保護者に選ばれるために保育の質や施設の充実などを謳い差別化を図るインセンティブが低下した。無償保育の対象者が段階的に乳児から5歳児にまで拡大したことに比例して、新規開園の保育園は数万単位で増えた。民間の保育施設には収益を上げるため保育士の数を最低限にしたり、最低賃金に近い給与で働かせたりする施設が続出した。

政府による支援金を狙った保育ビジネスが乱立し、保育の質はさらに低下した。新規開園にともない投入した資金を回収するため、保育の中身や保育士の待遇改善は後回しにされたからだ。政府は園内に監視カメラの設置を義務づけたが、保育士による暴言や暴行問題は起き続けている。現状の保育士への待遇を改善し、質の高い保育士人材を確保することは急務で、まさに構造的な問題として対処することが求められている。

劣悪な保育施設を排除し、保育の質の底上げを図れるよう監査・監督を強化すべきだという声が高まるや、政府は2019年3月からすべての保育施設に対し、政府の「評価認証」

を受けるように指導する指針を打ち出した。保育施設への「評価認証」制度は２００５年に導入されたものの形骸化されていた。

想定外の事態も起きた。親の就業の有無にかかわらず保育料が無償となったため、乳幼児を育てる専業主婦層が「無料なら預けなきゃ。預けないのは損」とばかり保育園に殺到し、利用者が急増したのである。

専業主婦が保育園を利用すること自体に問題があるわけではない。「夫が保育園に入れたくないというのですが、2、3時間でいいので、自分の時間がほしい。夫に内緒で預けたら離婚理由になるでしょうか」という切実な人生相談を新聞に投稿するほど、精神的に追い詰められた母親もいる。

ただ、一部の保育園では共働き世帯が子どもを預けにくくなり、職場復帰が困難になる人も続出した。そのため、専業主婦の保育園利用には制限がかけられるようになり、共働き世帯は12時間まで無償とするのに対し、専業主婦世帯は7時間を超える利用については有料となった。

子育て世帯の負担を軽減するために導入された保育の無償化だが、実際には上限額がある。給食費や遠足などの特別活動費、読み書きや英語、算数などの学習費などの費用は別途負担しなければならず、育児費用の軽減効果は限定的だ。

そのうえ、過当競争で保育の質が下がり、安心して子どもを預けられない状況がさらに悪化したとなっては、少子化対策どころか逆効果になりかねない。導入当初から、性急に保育料を無償化する以前に、子どもの安全と保育の質をどう保証するかという議論が先であり、政策の順序が間違っている、優先課題はほかにあると強い反対が提起されていたのはそのためだ。体制が整っていないのに、制度だけが先走りし、子どもたちに弊害が及んだ。

日本でも2019年10月から「幼児教育・保育の無償化」が始まった。韓国の経験に照らすと、日本も政策の優先順位に問題があるのではないだろうか。財源に限りがあるなかで一律に無償化を進めれば、韓国のように保育環境の質が低下するという結果につながりかねない。

日本の保育士の平均給与は最低賃金に近く、離職率が高い。処遇改善が先送りされればされるほど、保育士が不足し、行き届いた保育ができない施設は増える。保育の中身や保育士の待遇改善が優先されるべきである。日本でも、韓国でも、誰もが安心して子どもを預けられるようにすることが最大の少子化対策であり、切実な課題であることはいうまでもない。

韓国の事例では政策効果を上げるため巨額の予算をどこに投じるのかという、政策の優先順位の付け方を誤った。これは少子化対策への明確なビジョンを欠いているからである。

4 政権の理念なき対策 II——国際化、教育費削減案

結婚移民者への帰化促進

第二に、韓国人と結婚した外国人配偶者である結婚移民者への支援策である。結婚仲介業者の海外進出を背景として、韓国では国際結婚が2000年以降に急増した。2005年のピーク時には国際結婚は4万件を超え、年間婚姻件数の13・5%を占めた。結婚ビザの発給を厳しくしたこともあり、2018年は2万2700件にまで減っている。

一方で、全体の婚姻件数も低下したため、国際結婚は婚姻全体の約9.9%（2019年）まで低下したがそれでも10組に1組は配偶者が外国人である。全体の82・7%を占めるのは、韓国人の夫と外国人の妻の組み合わせである。妻の国籍は中国、ベトナム、日本、フィリピンの順に多い。

韓国政府は、「韓国人増加プロジェクト」の一環として、外国人配偶者に対し、帰化して韓国籍を取得するよう積極的に促しているため、帰化者数は年々増加している。婚姻による帰化は、2019年には累計13万5000人に達しており、帰化前の国籍は、中国籍とベトナム籍で全体の8割近くを占める。

韓国政府は国際結婚の急増を受け、2008年には「多文化家族支援法」を制定し、全国220ヵ所に多文化家族支援センターを設置した。

多文化家族支援センターが目指す目的は、結婚移民者の韓国社会への早期定着と社会統合である。政府はセンターに対し、韓国語教育、韓国史や伝統文化、慣習、料理、社会保障、教育システムなどを学ぶ文化理解教育といった座学、各種の相談業務や生活情報の提供、産後のケアサービス、家族カウンセリングなどを基本事業として一律に実施するよう求めている。

充実の韓国語教育

教育プログラムの内容をみると、「多文化共生」というよりは、「外国人」で「女性」という二重の意味でのマイノリティである結婚移民女性に、韓国社会への適応や文化と慣習の受容を一方的に求める同化主義的な要素が強く見受けられる。基本プログラムは、主流国民である韓国人の生活習慣や慣習、価値規範などの基本素養を指導する「教育」と位置づけられている。

もっとも目を見張るのは、韓国語教育の充実ぶりである。レベル別に編成されたクラスが数多くあり、受講料は無料である。参加者の満足度は非常に高い。言語習得は職探しにもつながることから、生活に必要な韓国語学習から、仕事で使える水準のクラスも開講している。韓国語教師の国家資格を持つ講師により、体系的で質の高い指導が受けられる体制となっている点も評価できる。センターで使用される『結婚移民者と共にする韓国語』は、国の機関である国立国語院が作成した結婚移民者に特化した韓国語学習テキストである。

ただ、問題がないわけではない。韓国語テキストの内容や教育プログラムには、家父長的な家族規範を押し付けるような内容が散見される。また、多くの韓国女性が忌避したがる祭《チェ》祀《サ》の行い方や料理の作り方、舅や姑の還暦や喜寿の祝膳の整え方といった講習に力を入れている。

婚家への献身、不平等な家族関係や親子間の権威主義など、韓国と母国の家族文化とのギャップに苦しむ結婚移民女性は少なくない。この点については、現代の韓国女性も拒否するような価値観を結婚移民女性たちに強要すべきでないという批判が、研究者から提起されている。

日本には、韓国のような支援策を整備する根拠法がなく、結婚移民者への定住支援策が中央政府レベルで講じられたことはない。結婚移民者を対象にした日本語教育も、地方自治体や地域のボランティア団体に丸投げされてきた。そのため、居住地域によって受けられるサービスの種類や質は大きく異なる。

韓国は全国どこでも均質的なサービスが受けられるという点で、一歩先を行く。今後は、地域の特性やニーズに応じた柔軟なサービスの提供が課題である。

ただ、韓国政府が多額の予算を投じて大々的な支援策を講じてきたのは、結婚移民者の8割が外国人「女性」であったためだ。未婚率が上がり、出生率が低下するなかで、彼女たちは韓国人男性と家族を形成し、韓国民の再生産を担ってくれる。国益に合致したありがたい存在とみなされたのである。

17万人足らず（2018年）の外国籍の結婚移民者のために、多額の国家予算を投じる必要があるのかという批判はある。それにもかかわらず、結婚移民者支援の関連予算が支援策を始めた2005年の2億ウォンから、2014年には1272億ウォンへと10年で膨張したのは、少子化対策という名分があったためだ。各年度の「少子化対策基本計画」に、結婚移民者に対する生活支援が盛り込まれているのも、こうした脈絡からである。

国際結婚家庭への支援策は、長い目で見れば少子高齢化による人口減を補塡し、家族の維持と労働力の確保につながり、社会発展に役立つと考えられている。未婚・非婚の増加が少子化の要因だけに、国際結婚は結婚奨励策としても重視されている。

のしかかる教育費――問題の核心は小学生

第三に教育費への対応策である。教育費、特に私教育の負担については、教育熱の高さだけでなく構造的な問題が絡むだけに、対処が難しい面がある。李明博政権時に、小学校の入学年齢を1歳早めるという大胆な政策アイディアが打ち出されたことがあった。1歳でも早く入学して学校生活を終えれば、その分私教育費などの負担が減るだろうという論理だった。賛否両論が続くなか、任期切れとなりアイディア倒れで終わった。

少子化対策として、このような提案が上がってくるのは無理もない。教育省と韓国統計庁の「2018年度小中高私教育費調査」によれば、学習塾など学校外の学習活動にかかる費用の総額は約19兆5000億ウォンに上る。

教育段階別にみると、小学校（小学生）がもっとも多くの費用がかかり、中学校の倍近かった。前年度比でみた費用の増加率がもっとも高いのも小学校だ。学校外学習活動への参加率は、小学校が82・3％、中学校が66・4％、高校が55・0％と、小学生の参加率が圧倒的に高く、小学校段階ですでに私教育費負担がかなり大きい。

韓国ではかつて名門中学への進学には7科目のテストと体力テストが課されており、中学浪人が出るほど苛烈《かれつ》だった。子どもの心身の成長に弊害が大きいと社会問題化し、1968〜71年にかけて中学入試は全廃された。中学受験がないにもかかわらず、なぜ小学生の教育費負担がもっとも重いのだろうか。

韓国の小学校は早く終わる。現状では、低学年の1〜2年生は午後1時、3〜4年生は午後2時が下校時間となっている。そのため共働き家庭では、放課後は学習塾や習い事などを掛け持ちさせて予定をぎっしり埋め、親が帰宅するまでの時間をひとりにさせないよう腐心する。子どもが小学生になる頃に働く母親の退職が増えるのは、こうした事情からである。

放課後、小学校の校庭や校門前には、習い事教室や学習塾の送迎バスがずらりと並び、子どもたちはそれぞれ曜日に合わせてバスに乗り込む。テコンドー教室が終われば、今度は学習塾に向かうというように、一日に2〜3ヵ所を転々と移動する。日々の蓄積が重要な英語などの語学系、ピアノなどの音楽教室は、ほぼ毎日レッスンがあるため人気が高い。

要するに放課後の保育として、これらの学習塾や習い事が利用されているのである。効率的に塾通いをさせるために、学習塾や習い事教室が密集している地域に引っ越すこともある。時間のロスをなくすためだ。いくつも掛け持ちするだけに、その分費用もかさむ。

学校外での私教育の費用を抑制しようと、政府は低学年を対象にした放課後教室を小学校に設置し、曜日ごとに英語や算数、理科、美術、ダンスなどのクラスを複数開講し、学校内で受講できるようにしている。

下校時間を遅らせる

放課後教室の受講料は低額だが、講師は地域のボランティアや外部から派遣されてくるため、内容や質のバラツキは大きい。放課後教室は、基本的には共働きの家庭の子どもが対象とされ、低所得層の家庭の子どもには無料受講券が支給される。それゆえに、放課後教室に行くのは塾にも通えない貧乏な家の子とレッテル貼りをされるのではないかと、子ども自身がネガティブな感情を持つことがある。

放課後教室が活性化している地域もあるが、低学年の対象児童のうち放課後教室利用者の比率は12・5％（2019年）と低調である。

小学生の学校以外の1日平均学習時間は、5時間23分で、大学生の勉強時間（平均4時間10分）よりも長い。これは単に韓国の親のすさまじい教育熱と片づけられる問題ではなく、小学生の放課後の時間を埋めるために親がとりうる最善の策なのだ。

問題は、低所得層の家庭の子どもである。放課後に行き場のない子どもたちは、家でひとり親の帰りを待つ。結局、午後1時に下校する低学年の子どもの安全を確保するには、塾通いや習い事をさせるしかない。

コミュニティセンターや地域の児童センターにも主に低所得家庭の子ども向けの学童保育が設置されているが、収容人数は限られており、各学校区に設置されているわけでもない。学童保育は夕方5時までしか利用できず、共働き家庭の子どもの居場所確保というニーズを十分に満たせていない。そもそも「保育」だけで教育活動が行われない施設に、親は子どもを送りたがらない。

文在寅政権が少子化対策の一環として、2024年から全国の小学校で1～4年生の下校時間を遅らせるという決定を下したのには、こうした背景がある。

それに対し教員組合は、学校は子どもの教育を行うところであって、保育をするところではないという声明を出し、教員の負担が増えると猛反発している。

重国籍の容認へ

韓国独自の少子化対策として最後に、条件付きでの重国籍の容認を見てみよう。これは少子化による人口減少に対応するための策である。

日本と同様に韓国も、出生した国の国籍が付与される出生地主義ではなく、親の国籍を継承する血統主義を採る。韓国では父親が韓国民でなければ、子は韓国国籍を取得できない「父系血統優先」であったが、1997年に国籍法が改正され、現在は両親のいずれかが韓国民であれば韓国籍が付与される。

米国などは出生地主義を採用しているため、親の国籍にかかわらず、米国で出生すれば市民権が与えられる。つまり、父親が日本籍、母親が韓国籍で、米国で生まれれば、子は三重国籍となる。

こうした生まれながらの重国籍者はどの国でも一定数存在しているが、重国籍を認めるか否かは、その国によって大きく異なる。日本では議論もされていないが、韓国では条件付きで重国籍を認めるという大きな政策転換に踏み切った。いったいなぜだろうか。

重国籍が許容されたのは、2010年の国籍法一部改正（施行は2011年1月1日）による。対象者は「生まれつきの重国籍者」「高度外国人材」「結婚移民者」「成人前に海外に養子として引き取られた外国籍者」「現在は外国籍だが、老後を韓国で過ごすため永住帰国した65歳以上の韓国系外国人」である。

米国などで出生し、重国籍となった場合は、22歳までにどちらかの国籍を選択することになっているが、韓国に居住中は外国籍を行使しないという誓約書を提出すれば、重国籍を維持できる。男子の場合は、兵役の義務を果たした者にのみ重国籍が認められる。

重国籍者は、韓国内では韓国民として処遇されるため、出入国時に外国のパスポートを使用することや外国人登録はできず、韓国民としてのすべての義務を履行することが定められている。

兵役を忌避したいがために、韓国籍を離脱し外国籍を選択する者が増えれば、韓国民の減少につながる。人口を維持したい政府としては、ひとりでも国民を失いたくないというジレンマを抱えている。そのため兵役の義務さえ果たせば、重国籍を認めるという措置に出たのである。

また、一部の高度外国人材や韓国系外国人にも、限定的に二重国籍を認めている。

国籍法改正以外にも、少子高齢化にともない生産年齢人口が減り始めたことに対処するため、主に中国吉林省の延辺朝鮮族自治州に約200万人近くいるとされる朝鮮族を、労働力として受け入れている。とりわけ育児や介護、看護などのケア労働を朝鮮族の女性が一手に担い下支えするようになったことが、中間層以上の女性の社会進出を促し、労働参加率を高めることにつながってきた。

人口減少不可避の認識のうえで

こうした女性労働力の拡大を促進する目的での家事・育児の外部化を担う外国人労働者の受け入れ、急速に進むトランスナショナルな人の動きに対応した重国籍の許容、結婚移民者への韓国語教育と社会統合策。こうした施策から透けてみえるのは、もはや人口減少は不可避であり、それを前提にして韓国民としての「質」を向上させようという現実的な考え方である。

少子化の流れはもはや止めることは困難である。人口が減少していくことは明白なだけに、一気にさまざまな布石を打つ韓国の政策推進のスピード感には目を見張るものがある。日本にはない発想で、少子化がもたらす人口減を見据えて試行錯誤を重ねてはいる。

しかし、韓国が実行している一部の政策には、出生率の向上に結びつくとは考えにくい施策もあり、少子化対策として予算を投入する方向性が違うと思われるものもある。

深刻な少子化を引き起こした直接的要因は、未婚や非婚の増加である。その背景にあるのは、極度の就職難と不安定雇用などの経済的不安である。

結婚をしても子どもを産まない、産めない、あるいはひとりにとどめる要因には教育費や養育費といった経済的困難がある。だが、それ以前に「子育てが楽しそうに思えない」「子どもは負担でしかない」と、希望を見出せない人が少なくない。こうした構造的な問題は韓国社会に根付いたままで、膠着状態にある。

次世代の若者が未来に希望を持ち、パートナーを得て自分の家庭を築き、子どもを産みたい人が産める社会、安心して子どもを育てられる社会を実現させることは、何よりも重要な目標のはずだ。

第2章　貧困化、孤立化、ひとりの時代の到来

1　年金制度の限界と格差――家族扶養の崩壊

「先成長、後分配」による制度の遅れ

韓国は65歳以上の相対的貧困率が43・7％（2017年）と、OECD加盟国36ヵ国中トップだ。相対的貧困率とは、年収が中央値の半分に満たない世帯で暮らす人の割合を示す。OECD加盟国平均は14・8％で、韓国はその3倍も貧困率が高い。それにもかかわらず、国内総生産（GDP）に対する社会保障支出比率は11・1％（2018年）と、日本の21・9％、OECD加盟国平均の20・1％のほぼ半分だ。社会保障面で、高齢者は置き去りにされているのに等しい。

韓国の高齢者の労働力率が主要国のなかで突出して高いのは、生活困難により働き続けることを余儀なくされているからだ。高齢者の自殺率は、毎年OECD加盟国のワースト1位

と2位を行き来している。

このような状況に追い込まれたのは、近代化の過程で「先成長、後分配」をスローガンに、社会福祉が後回しにされたためである。開発独裁のもとで、目覚ましい経済発展を遂げたものの社会保障機能は家族や親族が担うものとされ、老後の生活を支える年金制度の導入が遅れた。

2-1のようにいち早く導入されたのは公務員年金（1960年）で、軍事政権が誕生すると、軍人年金（1963年）が始まり、私立学校教職員（1975年）といった特殊職域年金が後に続いた。

一般国民を対象にした国民年金制度の導入は、ソウル五輪を開催した1988年と遅かった。それも従業員10人以上の事業所のみが対象だった。

1997年のアジア通貨危機により、未曽有の経済不況と生活不安に直面するや、政府は社会保障制度の改革を急ピッチで進めた。都市自営業者らにまで加入対象が広がり、ようやく「国民皆年金」の仕組みが整ったのは1999年のことである。

公的年金の基本構造は国民年金のみの1階建てで、職域統合型の単一の国民年金となっている。満額受給には40年間の加入期間が必要である。1988年導入と歴史が浅い制度であるため、満額受給者が出るのは2028年以降となる。

統計庁の「高齢者統計（2019年）」によれば、現在の年金受給額は月平均61万ウォン

2-1　韓国の年金制度の推移（1960～2014年）

年	事　項
60	公務員年金法施行
63	軍人年金法施行
73	国民福祉年金法制定　（オイルショックのため制度施行は延期）
75	私立学校教職員年金法施行
86	国民年金法制定（国民福祉年金法廃止）
87	国民年金管理公団設立
88	国民年金制度導入　対象：10人以上の事業所
92	国民年金対象を５人以上の事業所に適用拡大
93	特例老齢年金支給開始　国民年金の保険料率引き上げ（３％→６％）
95	国民年金対象者を農漁業民・農漁村地域自営業者に適用拡大
97	老人福祉法改正　敬老年金導入
98	国民年金法改正　受給開始年齢引き上げ、保険料率引き上げ（６→９％）
99	国民年金対象者を都市地域自営業や臨時、日雇い職らなどに適用範囲拡大　（国民皆年金達成）
03	国民年金対象者を臨時、日雇い職および５人未満の事業所に段階別に拡大
07	国民年金法改正　所得代替率引き下げ　基礎老齢年金法制定（敬老年金制度廃止）
08	基礎老齢年金法施行　（支給対象：70歳以上の中位所得下位60％層）
09	基礎老齢年金受給対象者拡大　（70歳以上→65歳以上、中位所得下位60％→70％層）
14	基礎年金制度導入（基礎老齢年金制度廃止）（支給対象：65歳以上の中位所得下位70％層）

出典：国民年金公団「国民年金30年史」https://www.nps.or.kr を基に筆者作成

（約5万3000円）と低額で、老後の生活保障には程遠い。年金受給率は45・9％と低く、2人にひとりは無年金状態にある。

ちなみに、年金制度が成熟している日本の場合、2019年時点で40年間保険料を払い続けた場合の国民年金は、平均月額で6万5000円、所得代替率は36・4％である。

珍しくない「親不孝訴訟」

韓国では、子どもの教育費に財産をつぎ込み、老親の扶養に追われ、持ち家はおろか貯《たくわ》えもないまま老後を迎えた高齢者が多い。

以前は、子どもや親族からの経済的支援で生活が維持できたが、少子化や子世代の就職難、雇用の不安定化などにより、老親を扶養する能力や経済的余裕が大きく低下した。これまで儒教的価値観に支えられてきた家族機能は、短期間に弱体化してしまった。

統計庁の「社会調査（2019年）」によれば、1998年には9割が「老父母の扶養責任は子ども（家族）にある」と答えていたが、2000年代後半以降は3割以下に減り続けており、扶養意識は急速に変化している。また、「生活費を子どもや親族に依存している」と回答した高齢者は17・7％にすぎず、2009年の31・4％から10年で急減した。

子どもが親を扶養する見返りに、親が財産の相続や報酬を与えることを明記した「親孝行契約」を取り交わす家庭もある。契約書（覚書）には、生活費の支援額や、親元への訪問回数、誕生日など記念日の決まりごと、葬儀手続きの内容まで具体的に記載されることもある。親の面倒をみない子どもを親が訴える「親不孝訴訟」も珍しくない。実際に最高裁は、親孝行契約書に違反した息子に、親から譲り受けた財産を返納するよう命じる判決を２０１５年に下している。

年金受給開始年齢は２０１３年時点では61歳だったが、その後は5年ごとに1歳ずつ引き上げ、２０３３年には65歳からの支給となる。２０１７年に60歳定年制がすべての事業所に適用されたが、民間企業の実際の退職年齢は50代半ばにとどまっており、年金受給までの所得の空白期間は長い。早期退職を余儀なくされることで、高齢者の貧困は加速している。

国民年金の導入当時70％だった所得代替率は、２０２８年までに40％へ引き下げられるため、満期を迎える高齢者が増えて年金制度が成熟しても、実際には受給額は増えない。将来的に保険料率を30％水準以上に引き上げなければ、40％の所得代替率さえも維持できないという試算もある。

「お小遣い」年金との批判

２０００年代後半から、低賃金の短期雇用で働く非正規労働者が増え始めた。現在の若者は極度の就職難に直面しているため、ただでさえ現役で働く期間が短くなっている。今後は、老後の資産形成が十分にできない者、年金未加入の無年金者がさらに膨れ上がる懸念がある。

また、日本のような被保険者の配偶者を対象とする「第3号被保険者」といった制度はない。国民年金加入率（2018年）をみると、男性75・2％に対し女性は66・1％と、9.1ポイントも差がある。

既婚女性は家庭責任の重さから、パートなどの短時間労働や非正規雇用で働くことが多い。男女の賃金格差も大きいままで、若い頃からの所得や貯蓄率の差により、老後に低年金になりやすい。国民年金に未加入のまま高齢期に入った無年金の女性は、生活の術《すべ》がない。男性より長寿で、貧困リスクが高い高齢女性の困窮度が深まるのは必至で、税や社会保障を通じた所得の再分配政策がさらに重要になる。

韓国では低所得の高齢者の貧困緩和を目的とした、税方式で運営される基礎年金制度が2014年に導入されている。中位所得下位70％に該当する65歳以上の高齢者には、最大月30万ウォン（約2万6000円）の基礎年金が支給される仕組みだ。あまりに低額なため、「お小遣い」年金と揶揄《やゆ》されているが、無年金者にとっては命綱に等しい。

ただ、基礎年金の支給は、子どもがいる場合は、子どもに扶養能力がないこと、または子どもが親の扶養を拒否していることを立証しなければ対象外となる。

韓国の高齢者が直面している貧困の実相は、日本の未来を予見させるだけに、対岸の火事とは思えない。

貧富の拡大――高齢者間格差

韓国の高齢者がみな貧困に苦しんでいるわけではない。問題は貧富の格差にある。格差拡大の要因の一つには、急速な高齢化が進むなか、所得格差の大きい高齢者世帯が急増していることにある。年金支給額だけみても、最低額の10万ウォン（約8700円）しか受給していない人もいれば、最高額の月720万ウォン（約62万6000円）受給者もおり、極端に差がある。

65歳以上の高齢世帯主の可処分所得を比較した現代経済研究院の調査（2015年）では、中位所得50％未満は月平均63万ウォンにすぎないが、中位所得150％層は580万ウォンと所得に大きな開きがみられた（「豊かな老人と貧しい老人の所得格差拡大報告書」）。

次ページの2-2は65歳以上の高齢者世帯（単身世帯・夫婦のみ世帯）を五等分した所得五分位階級別の年平均家計所得（2018年）を比較したものである。もっとも低い下位20％層の第Ⅰ階級は年945万ウォン（約82万円）、上位20％層の第Ⅴ階級では年1億5631万ウォン（約1360万円）であった。低所得世帯に対する高所得世帯の所得倍率は16・5倍と大きく、しかも拡大傾向にある。

所得格差を示す指標であるジニ係数は、1に近いほど所得不平等が大きいことを示す。統計庁によれば、2019年度のジニ係数は0・33だったが、ジニ係数を年齢別にみると、65歳以上は0・42、75歳以上では0・52（2019年）と、高齢になるほど上昇する。

2-2　高齢者世帯の五分位別の年平均家計（2018年）

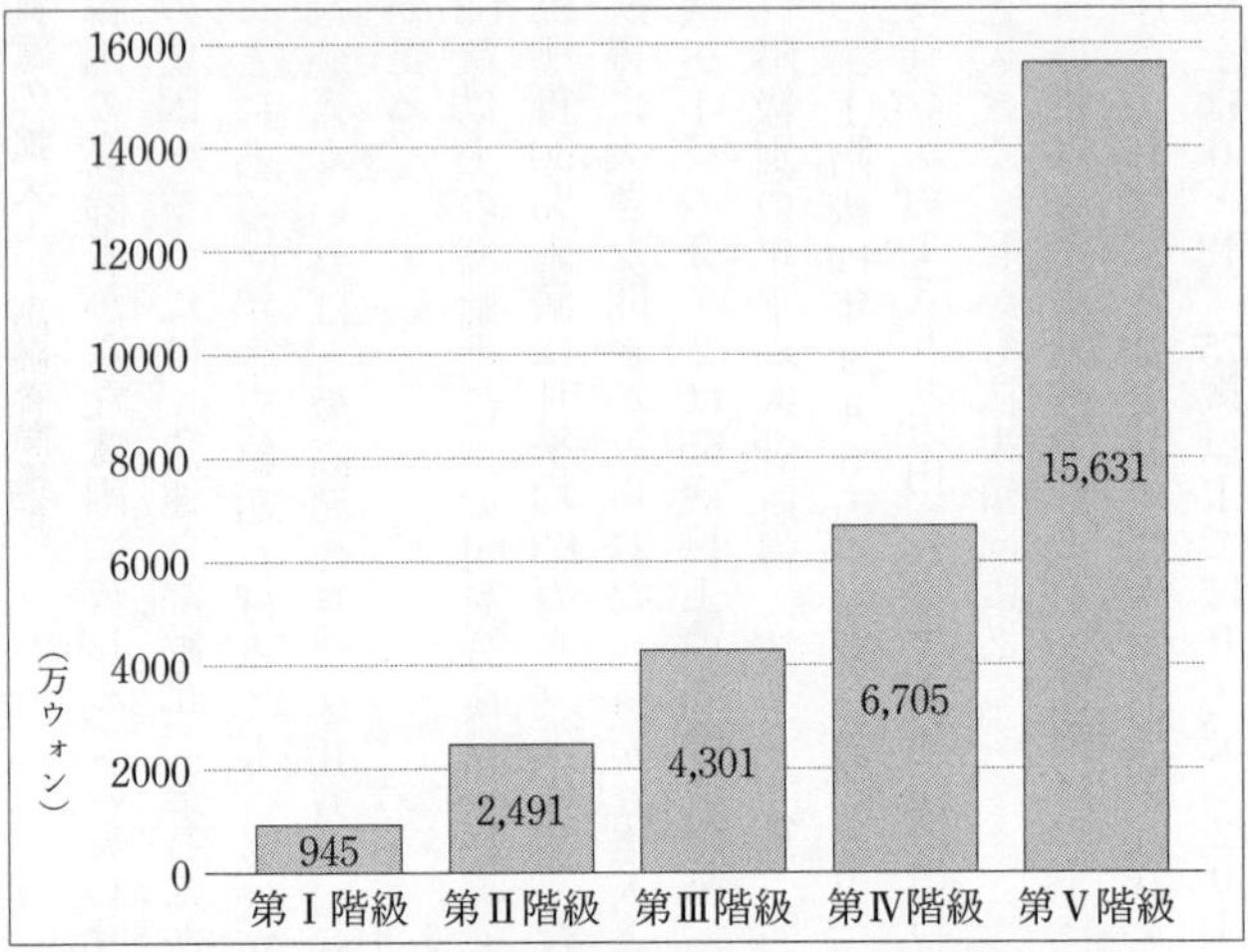

註記：Ⅰ～Ⅴまでの階級は年平均家計所得を下位から20%ごとに区切ったもの
出典：韓国統計庁「家計動向調査」（2019年）

ちなみに日本では、65歳以上は０・36、75歳以上では0.4（２０１７年）である。韓国よりは低いものの、日韓ともに75歳以上の所得格差が全世代でもっとも大きい点は共通している。

韓国で高齢者間の所得格差が大きい要因は、貯蓄や不動産などの資産のほかに、年金の種類によるところが大きい。国民年金受給者と、公務員や軍人など特殊職域年金受給者とでは、受給額にかなりの開きがあるのだ。

国民年金受給者の95%は、受給額が月１００万ウォン（約８万７０００円）未満だ。逆に、公務員年金は受給額が月１００万ウォン未満の人は10%に満たず、月２００万ウォン以上が６割を超えている。

2019年時点で65歳の高齢者を比較した場合、格差はより鮮明になる。月平均受給額をみると、公務員年金が258万ウォンであるのに対し、国民年金は52万ウォン。5倍近く差がある。

公務員年金は男性が254万ウォン、女性が270万ウォンで、兵役がなく勤続年数が長い女性の方が若干多い。公務員は女性にとって最高の職といえる。

一方、国民年金では男性62万ウォン、女性は33万ウォンで、男女の開きが顕著だ。

公務員優遇の限界

受給額の差は、国民年金の平均加入期間がまだ17年と短いこと、自営業を除き労使折半となる月々の年金納付率が、公務員は所得の17%、国民年金は9%と、倍近く異なるためである。公務員は退職時の一時金の代わりに年金形式で退職金を受け取っており、その点も大きい。

このように制度設計が異なるため単純な比較はできないものの、受給額は今後も二極化が進む。公務員を目指して就職浪人を続ける若者が多いのは、負担料に比して手厚い公務員年金があることも一因である。

今後、国民年金と公務員年金の支給額の格差について、不公平ではないかという不満が募る恐れがある。公務員年金は1993年からすでに赤字状態で、損失分が国庫で補填されているからだ。

公務員年金財政の赤字穴埋めに、2018年だけでも2兆2806億ウォンもの税金が投入されている。日本では国民年金の財源の半分は税金で賄われているが、韓国では国民年金への税金投入は行われていない。

2019年3月基準で、国民年金の受給者は458万人に達しているのに対し、公務員年金の受給者は49万と規模が小さい。文在寅政権は国策として大規模な公務員増員を進めており、公約通りに5年間で公務員数を17万人増員すれば、年金負債額はさらに拡大する。つまり、公務員の増員は国家財政に大きな負担になることは必至で、このまま公務員が増加すれば、国民年金受給者の不満が膨らんでいきかねない。

国民年金は、受給者の増加により、2042年に赤字へ転落し、2054年には積立金が枯渇すると予測されている。積立金が底をつけば年金給付は行き詰まり、税金を投入するしかなくなる。

独立財政機関である国会予算政策処は、2025年までに受給開始年齢を67歳とし、保険料率を現行の9%から12・9%へ引き上げるよう提案している。ただ、急激な少子高齢化にともなう人口構造の悪化などにより、国民年金の枯渇時期は予想以上に早まる可能性が高く、提案の早期実行が求められる。

国民年金公団をめぐる政争

　ところが、目下、韓国政府の関心は、国民年金制度の持続可能性よりも、国民年金公団を通じた株主権の行使にある。韓国の国民年金公団は巨大な基金を運用しており、ポスコやKT、ネイバーといった国内主要企業の筆頭株主となっている。年々上場企業の株式保有を増やしており、運用規模では日本の年金積立金管理運用独立行政法人が世界最大で、韓国は２０１８年時点で世界３位だ。

　国民年金基金制度が導入時の１９８８年に５３００億ウォンで始めた積立金は、基金運用で２０１９年には過去最高の11・３％の収益率をあげた。前年末対比73兆４０００億ウォン増え、７３６兆７０００億ウォンに達している。

　国民年金公団は国内の財閥系企業に対し大株主として影響力を行使できる立場にあり、文在寅政権は財閥改革の一環として、その影響力を積極的に利用しようとしている。

　たとえば、２０１９年には大韓航空の株主総会で国民年金公団は株主権の行使を通じて、韓進グループ会長の取締役への再任を阻止した。大韓航空を傘下におく韓進グループ会長一族の相次ぐ不祥事で国民年金公団が保有する韓進グループの株式評価額が低下し、利益が損なわれたというのがその理由だった。

　国民年金公団は、２０１９年末に「積極的株主活動ガイドライン」の導入を決定し、ガイドラインに基づき企業への経営監視を強める方針を立てた。経済団体は強く反発し、保守メディアは「政権の意に添うように企業に過度に干渉する『年金社会主義』のはじまりだ」と警鐘を鳴らした。

国民年金制度の持続可能性を不安視する国民からは、払い損になりかねない国民年金制度を廃止すべきだという声も上がる。

文在寅政権は、こうした批判や懸念などどこ吹く風で、経済界への介入を強める。今後、横領や背任といった経営陣の違法、不道徳な行為などで企業価値が低下し、改善意志が不足する企業に対して、理事解任、社外理事や監査の選任、定款変更などを推進し、株主権を積極的に行使するという。

2 老後の生活――孤独死からユーチューバーまで

高齢者の仕事づくり――老人宅配

韓国の高齢者は、1960年代以降の「漢江の奇跡」と呼ばれた目覚ましい高度経済成長を成し遂げた功労者である。成長至上の過程で、暮らしのセーフティネットは後回しにされた。社会保障制度が十分に整備される前に、急速に高齢化が進んでしまった。

年金が所得保障にならないため、経済的必要に迫られた高齢者は、仕事探しに奔走している。数年前に記録的な猛暑が続いたときは、家に冷房がないため一日中地下鉄に乗って暑さをしのぐ高齢者が目立った。

「こんな未来が待ち受けているとは想像もしなかった」とため息をつく。これが韓国の高齢者の現実である。

高齢者統計（2019年）によれば、彼らは平均して「73歳まで働き続けたい」と答えている。高齢者が完全に引退する年齢は、OECD加盟国の平均は64・6歳だが、韓国は72・9歳と、8年以上も長い（2015年）。

韓国政府は「高齢者の働き口総合計画」のもと、高齢者の仕事を生み出すために、2019年には23兆ウォンの税金を投入した。そのかいあって、65歳以上の高齢層の2019年度の就業率は、過去最高値の57・6％を記録した。

ただ、質より量の拡大に神経を注いでいるため、主な働き口は低賃金の短時間労働だ。たとえば、歩道の清掃、学校での給食補助、地域児童センターや保育施設、公共医療機関での補助業務、子どもの登下校の見守り、施設管理、ゴミ拾い、古紙回収、世論調査員などである。いずれもが、税金で量産された職である。

「シニア・インターンシップ」制度も導入された。書類審査などに合格した高齢者に、一般企業や運輸業、ホテルなどで3ヵ月のインターンシップを提供するものである。協力事業所には高齢者の人件費を支給する。なかには運よく正社員に転換される人もいる。さらに、高齢者を多数雇用した事業所には、最大で3億ウォンの事業費を補助する。

民間分野で高齢者が就く職種には、管理人、試験監督、清掃、付添い看病人、家政婦、警備員、駐車場係員、監視カメラ監視員、駐車場の交通整理、品質検査、工場での箱詰めや包装といった軽作業が多い。

大学の講義室の照明やエアコンを切って回る電気管理士や、軽量の荷物や書類を届ける「老人宅配」配達員に従事する人もいる。ソウルの中心街にある「鐘路《チョンノ》シニアクラブ地下鉄宅配事業団」では、朝から大勢の高齢者が、宅配依頼が入るのを待機室で待ちかまえている。65歳以上は地下鉄が無料で利用できるため宅配を安く請け負っており、依頼は多い。

宅配歴6年の73歳の老人は、「地図アプリを使いこなして配達するんだが、歩くのは健康にいい。毎日決まって出かけるところがあって幸せだ。外に出なくなると、家庭も家計も破綻するらしい」と笑う。一日の稼ぎはおよそ2万ウォン(約1700円)で、月に50万~60万ウォンを稼ぐ。年金を上回る収入だと言う。

とはいえ、望んでも雇用がない高齢層は依然として多い。文在寅政権下は低所得層の生活の底上げを狙い最低賃金を引き上げたが、民間では高齢者や学生のアルバイトからカットし始めた。

老後の孤独問題

働くことで社会とのつながりが少しでも保たれるのであれば、まだましだという声もある。

老後の貧困は大きな社会問題だが、高齢者の孤独もまた深刻な問題をはらむ。

平日昼間のソウルでは、どこの公園や広場でも白髪の老人であふれかえる。碁やチャンギ（韓国式の将棋）をする人、それを見物する人、体操する人、何をするでもなく宙を見つめている人、言い合いをしている人、昼寝する人、新聞を読む人、とさまざまだ。

老人たちはなぜ毎日街頭に集まるのか。

「もう7年くらい、毎日ここに出勤している。15年目という奴もいるから、自分は若い方だ」と言う高齢者は、「家にひとりでいたら誰とも口をきかないで一日が終わる。ここに来れば、誰かしらと話ができる。お金もかからない」とうなずく。

「顔見知りと昼から安酒で一杯した日には、もうそれだけで満足。幸せな気持ちになる。ここはさ、自分と似たような人ばかりがいて気が休まるよ」。隣の老人が付け加えた。

向かいに座っていた元公務員という老人は、「高齢者福祉にとって大事なことは、寂しいと感じさせないことだ。孤独は生きる気力を奪う。高齢者が欲しているのは人との関わりだ」と力説した。

孤独は免疫システムを弱めるなど身体機能に影響を与え、死亡リスクを高めるといわれている。孤独と高齢者の死亡率に関する米国の研究では、孤独な人は死亡リスクが26％上昇するという。

英国では2018年に「孤独担当大臣」のポストを新設し、孤立した人と社会を結びつけるコミュニティ活動への助成を行うなど、孤独対策に取り組んでいる。

韓国でも英国と類似の施策に熱心だ。政府や自治体は、高齢者が地域や社会から孤立することにより孤独死や自殺の可能性が高まるとして、積極的な孤独対策に乗り出している。2019年版の『自殺予防白書』（保健福祉省）によれば、高齢期の自殺原因として、社会とのつながりが稀薄な点が指摘されており、孤独対策は待ったなしの状態にある。

孤立や孤独死を防止するため、各地域の生活管理士は、ひとり当たり毎月約30名の高齢者を担当し、週2回ほど安否を尋ねる電話をかけ、ひとり暮らし世帯の安全確認に勤しんでいる。

弁当宅配サービスを手掛ける自治体も多い。住民センターの調理室を使い、60代の女性たちが惣菜を調理して弁当箱に詰め、週に2回、地域のひとり暮らしの高齢者に届ける。弁当を届けるだけでなく、対面で健康状態を確かめるのも業務の一環である。

カバーしきれないほど高齢者が増えているため、高齢者雇用対策を兼ねた、民間委託の「孤独ケア」事業も展開されている。

自治体から補助金を受けた、敬老会や大韓老人会などの高齢者団体らが中心となり、60〜70代の地域住民を、ひとり暮らしの高齢者宅に3日に1回派遣する。トラブル防止のため、担当員は2人ペアとなり高齢者宅を訪問する。安否や健康状態の確認を兼ねて、1回の訪問につき3時間ほど話し相手となる。報酬は月20万ウォン程度と低賃金だが、やりがいがあるからと、なり手は多いという。

こうした「孤独ケア」事業は、政府が進める「老人働き口事業」である「老老ケア」の一環である。高齢者を活用すれば雇用対策になるだけでなく、低コストで孤独対策ができ、まさに一石二鳥というわけだ。

韓国だけでなく日本も単身世帯が急激に増加している。今後は、子どもや孫がいない人が増える。ひとりで生きる時間が長くなっていくだけに、家族以外の支え手がいなければ孤立する人も多くなる。

老後の貧困問題、孤立や孤独対策、高齢者の介護サービスの充実と地域社会での支え手の確保など、問題は山積みで、まさに日韓共通の課題だといえる。

シルバー・ユーチューバーの登場

「退職したら、ユーチューバーになるつもりです。言いたいことがたくさんあるし、うまくいけば広告収入もつきますしね」と夢を語るシニアに、これまで何人も会った。多くは、国会議員、記者、研究者など専門職に就いている人だった。

彼らが目指すのは、専門知識や経験を生かして政治論評や持論を配信するシルバー・ユーチューバーだ。既存のメディアへの不信感を強めている中高年層をターゲットにした保守系のチャンネルは勢いを増している。

アプリの調査・分析会社のワイズアプリ（WISEAPP）によれば、２０１８年に携帯アプリのうち、利用者時間がもっとも長いアプリはユーチューブだった。ユーチューブの視聴時間が長いのは圧倒的に50代以上で、10代がそれに次ぐ（『アジア経済』２０１９年1月22日）。とりわけ時間に余裕があるシニア世代はユーチューブのもっとも積極的な利用者であり、制作者になりつつある。シニア向けの市民講座に「ユーチューバー・スター講座」が設けられているほどだ。

彼らの夢見る成功モデルがいくつかある。たとえば、元最高裁判事が解説する「チャ・サン先生の法律常識」。始めたきっかけは、法律や判例について不正確な報道を正したかったからだと言う。韓国でもっとも法律に詳しい人物が、生活に密着した法律や判例をわかりやすく説明するとあって、瞬く間に登録者が数万単位で増えた。

新聞・テレビ離れが進み、ＳＮＳやネットニュースで情報を得る時代になった。なかでもユーチューブの影響力は大きく、「知りたいことがあれば真っ先にユーチューブを検索する」と言う声は世代を問わない。

年配者ほど「地上波テレビは文政権に都合の悪いことは放送せず、信頼できない」と言い、テレビよりも保守派のユーチューブ放送に傾倒する。ユーチューブなら自分の聞きたい話、事実と思いこめる情報だけを見聞きできるからだ。

毎週土曜日になると光化門広場で開かれる反政府デモに行くという75歳男性は、「政権交代で、ニュースや討論番組などが、左寄りの進歩派の主張や陣営論理へと一気に傾いた。偏向報道ばかりで、まったく見るものがない。腹が立つ内容ばかりなので、もうユーチューブしか信じられん」と言う。

「時事ＩＮ」による「大韓民国信頼度調査」（２０１９年）では、人びとが考えるユーチューブの個人放送への信頼度は、公共放送であるＫＢＳ（韓国放送公社）より高かった。

ひとりでも手軽に参入できるユーチューブは、第一線から退いた多くの保守派論客に、新たな活躍の場を提供した。少数だが、左派の論客でもユーチューバーとして大きな影響力を持つ人物はいる。彼らがユーチューブで何か発言するたびに引用するメディアが多いことが、ユーチューバーたちを勢いづかせている。

いずれの論客も、登録者数や再生回数を稼ぐため、論調が偏ったり激しくなったりする傾向が強い。とりわけ政治系ユーチューバーの番組内容は政権批判が多いため、文在寅政権はユーチューバーの発言を法的に規制しようと躍起だ。

もはや世代や理念の違いによる対立を埋め、共通認識を形成するようなニュース媒体は存在すら困難な状況にある。世代によって日々接するニュースメディアが異なり、政治的情報へのアクセスが分極化しているため、異なる世代間の対話が成り立たなくなりつつある。

パク・マクレ人気——孫娘のプロデュース

ところで、韓国で知らぬ者がいないほど有名な、シルバー・ユーチューバーがいる。スーパー・ユーチューバー、パク・マクレである。彼女は1947年全羅道生まれで、家政婦や食堂で働きながら三人の子どもを育て上げた苦労人だ。

マクレはユーチューブを傘下に持つGoogleの米国本社に二度も招待され、Googleの最高経営者（CEO）と歓談した。ユーチューブのCEOは訪韓した際に、彼女にわざわざ会いに出向いたほどだ。人気上昇により、海外の視聴者向けに英語字幕が表示されることもある。

日本政府観光局は2017年にマクレを鳥取県に招いている。彼女が鳥取中を旅する姿を収めた動画は30万回も再生され、日本のインバウンド戦略にも一役買った。

ユーチューバーになったきっかけは、マクレが認知症になる疑いがあると聞いた孫娘が、マクレの日常を動画に撮り配信を始めたことだ。一見無愛想な彼女が、全羅道の方言全開でぶっきらぼうに放つ言葉に含蓄があると、人気に火が付いた。

彼女のファンには有名俳優やタレントも多いが、視聴する固定層は若者だ。若い世代がマクレのようなシルバー・ユーチューバーに魅入られるのは、ヒーリング効果が得られるからだという。彼女が何気なく口にする正論に一緒にうなずき、温かい助言に励まされ、祖母のような包容力に癒されると語る。

マクレ人気もあり、若い世代はお気に入りのシルバー・ユーチューバーのコンテンツを見つけるとSNSですぐに共有し、ファンミーティングが開かれると誘い合って参加する。意外なことに、韓国のシルバー・ユーチューバーの存在は、若い世代とシニア世代をつなぐツ

上／**「パク・マクレ ハルモニチャンネル」** 米国Google本社に招待され，GoogleのCEOサンダー・ピチャイと歓談した折の話をするパク・マクレ。隣は制作作業を担う孫娘　https://www.youtube.com/channel/UCN8CPzwkYiDVLZlgD4JQgJQ（2020年5月17日閲覧）
下／**「チャ・サン先生の法律常識」** 元最高裁判事による法律解説．孫娘が撮影編集を担当．ここでの内容は「即決裁判の追憶」 https://www.youtube.com/watch?v=9DHEBGj6Wq8（2020年5月17日閲覧）

ールかつ接点となっている。

シルバー・ユーチューバーの撮影や編集といった制作作業は多くの場合、孫が担当している。先の元最高裁判事による「チャ・サン先生の法律常識」番組も、孫娘が撮影編集を担っている。

祖父母と孫の合作だけに、シルバー・ユーチューバーのコンテンツには、おじいさんがK-popアイドルの歌やダンスを真似たり、おばあさんが若者風のメークやヨガ、ネイルアートにチャレンジしたりするといった、若者の流行りものを楽しむ内容が多い。視聴者はその姿を見てコメント欄に「かわいいです」と書き込みながら、不思議な感覚に陥るという。

韓国は長幼の序が、日本以上に徹底している。本来、祖父母世代は家族の序列関係の最上位に位置する。高齢者が年齢の枠を超え自分たちのところまで降りてきて、若者文化にチャレンジするその姿は一見、滑稽にみえる。

一方、年齢序列の最上位にいる年長者が、自分たちの好きなもの、好きな世界を理解不能とか、くだらないとか決めつけることなく楽しもうとし、尊重しようとする姿を見ると、自分たちが世の中に受け入れられ、認められたような気持ちになるのだという。

そのためか、シルバー・ユーチューバーのコメント欄には、若者による感謝のコメントがたくさん書き込まれている。

3　ソロ・エコノミーの時代へ――単身世帯の増大

増える「ホンパプ」

「ホンパプ」とは「ひとりごはん」という意味である。未婚、非婚化、高齢化にともない単身世帯が増加し、家庭でひとり食事をする「孤食」が増えているが、ホンパプは本来「ひとりで外食する」というニュアンスのことばである。

少し前まで、韓国ではひとりで外食する人はごく少数だった。飲食店でひとり食べたり飲んだりしている人には、「人間関係が稀薄で哀れ」や「どこか問題がありそう」と言いたげな視線が飛んできて肩身が狭かった。

飲食店は複数客やカップル、家族連れをターゲットにしており、広いテーブルでひとり黙々と食べるのはみじめで恥ずかしいという心理的な抵抗感が大きかった。「ひとりで食べるくらいなら食事は抜く」という人も少なくなかったのだ。

韓国には、誰かとともに食を「分かち合う」ことを重視し、大事に思う文化があった。友人や知人に出くわせば、真っ先に「ごはんを食べたか」と互いに気遣い、家に誰かが訪ねてくれば「食事はしたか」と尋ね、喜んでお膳を準備した。こうした「みんなで食べよう文化」は人間関係の潤滑油となり、社会の紐帯《ちゅうたい》を深めた。

そうした文化が浸透していた韓国で、2010年代後半以降、ホンパプが急速に広がった。その要因は何か。

最大の理由は、3人に1人がひとり暮らしという、単身者がマジョリティの社会へと急変したことである。全世帯に占める単身世帯の比率は2020年に38・5%となり、10年前から倍増した。

こうした世帯構造の変化にマッチするように、あるドラマが韓国で大ヒットした。日本のテレビドラマ「孤独のグルメ」だ。輸入雑貨商の中年男性が仕事で訪れた都市の飲食店で、ひとり食事を堪能する姿を描いたこのドラマは、「ホンパプは決してみじめなことではない」と認識を変えることに貢献した。

「孤独のグルメ」はあちこちのケーブルテレビで放映されるうちに大評判となり、2018年の「ソウルドラマアワード」で、韓国でもっとも人気がある海外ドラマとして表彰された。ソウルで開かれた授賞式では、主演俳優の松重豊が「おじさんがひとりでただごはんを食べるだけの番組で、いったい誰が見ているのかと思ったが、海外で賞がもらえて光栄だ」とスピーチし、大喝采を浴びた。

「孤独のグルメ」が韓国で大ヒットした背景には、まさに単身世帯の増加がある。ドラマの大ヒットはホンパプのハードルを下げ、ひとりで食事することのマイナス・イメージを払拭させる役割を果たしたと評価されている。

ひとりに慣れる子どもの増加

店側も単身世帯の急増という社会の変化に合わせ、お得な価格のおひとりさま用焼き肉やポッサム（ゆでた豚肉を数種類の野菜で包んで食べるもの）セットなど、ひとりで来店しても注文しやすいメニューに変えた。ひとり客用に仕切られた席を設ける飲食店も増えた。ホンパプメニューやひとり席がない飲食店は、客足が遠のくからだ。

ホンパプが増えているもう一つの理由は、韓国社会での競争激化である。競争に追い立てられるなかで、食事は「時間泥棒」とみなされ、優先度が下がる。

顕著なのが10代の子どもである。10代の子どもは、いまや家族で食卓を囲む時間がほとんどないに等しい。地域にもよるが、相当数の高校が昼の給食だけでなく、夕方にも生徒に給食を提供するようになった。

給食中も歓談するでもなく、参考書を読みながら口にごはんを運ぶ姿が見られるという。学校で夕食を済ませた高校生は、その後学校に残って自習するか、塾に移動する。家で食べるのは朝食だけで、その朝食さえもとらない子どもが３割もいる。

夜遅くまで塾通いや習い事で忙しい小中学生も、家で夕食を食べることができないのは同様だ。夕方、学習塾近くのコンビニやファーストフード店は、キンパプ（海苔巻き）やハンバーガーなどを食べる子どもの姿であふれかえる。家族と夕食を囲む時間すら惜しいほど時間に追われ、放課後はひたすら塾通いや習い事に費やす光景が日常化している。教育費の負担が大きいため、ひとりっ子が多くなった。兄弟姉妹がなく、ひとりで過ごすことに慣れた子どもは増える一方だ。

若い世代があまり孤独を恐れないのも、単独行動が苦にならないのも、こうした家族構成の変化と無関係ではないだろう。ひとりで育った子どもが大人になってホンパプを好むようになっても何ら不思議ではない。

前大統領の朴槿恵は「ひきこもりのホンパプ大統領」と呼ばれていた。彼女は在職中、大統領府の執務室に籠り、もっぱらひとりで食事をしていた。現職の文在寅大統領も他人と一緒に食事することを好まず、ホンパプが多いことで知られている。

さらに、新型コロナウイルスの感染防止のためと、人との食事を避けるホンパプは広がりをみせ、韓国の食文化は変化の岐路に立たされている。

8割増の女性のひとり暮らし

1世帯当たりの人数は2・46人、およそ半分の世帯はひとり暮らしか夫婦のみ。2018年の韓国の家族像だ。1975年まで韓国は、「夫婦2人と子ども3人」の5人家族が、長らく標準モデルだった。世帯員数は1985年の4.1人を境に減り始め、1990年には3.7人となり、4人を切った。

さらに、２００５年には2.9と３人以下となった。２０１８年には２・46人にまで減り、日本の２・47人（２０１７年）とほぼ並んだ。

この10年間は、韓国女性に関して大きな社会的変化が起きた時期だ。大学進学率が上昇し、地方から都市部へと人口移動が進んだ。社会進出が活発になり経済力を得た。結婚観の変化と経済的困難が重なり、未婚・晩婚化が増えた。

韓国統計庁によれば、２００６～15年の10年間で、25～39歳の男性ひとり暮らしの世帯数には大きな変動がみられなかったのに対し、女性は８割も増えた。ひとりで暮らす20代女性の82％は大卒以上の学歴を有し、95・３％が都市部に居住している。

単身世帯の増加により、コンビニは年々売り上げを伸ばしている。単身世帯向けの食品や食材を販売するオンラインショッピングの取扱額は、２０１３年の２兆ウォンから18年には４兆ウォンと倍増した。フードデリバリーサービスも好調である。

ひとり暮らしが増え、他人との接触を避けたがる傾向が強まると、宅配便では出勤前の早朝に玄関前に荷物を置き配する「サイレント宅配」の需要が急騰した。防犯上の理由もあり、特に女性に好まれている。

消費パターンの変化で打撃を受けたのは、デパートや都市近郊の大型スーパーと量販店である。置き場所がないため、単身世帯は必要なときしかモノを購入せず、買い置きをしない。オンラインショッピング市場が好況なのは、こうしたニーズにマッチしているからだ。

ソロ・エコノミーへの注目

両親と2人の子どもによる4人家族がマイノリティ化し、商品開発やサービス、販売形態はファミリー向けからおひとりさま仕様へと急激にシフトしている。

ソロ・エコノミーが注目されるのは、単身世帯の消費意欲が旺盛で、支出規模が拡大しているからだ。「単身者の数が多いと家計消費が増えないため、内需拡大が阻害される」というこれまでのセオリーとは異なる現象が起きている。

産業研究院によれば、単身世帯の消費支出は2020年には120兆ウォンに達し、さらに2030年には、194兆ウォンに拡大すると見込まれている。同時期の4人世帯の支出総額は178兆ウォンと予測されており、単身世帯を下回る。ファミリー向けは、もはやビジネスにならない。

メーカーは、おひとりさまをターゲットにしたまったく新しいマーケティングに転換する必要に迫られている。サムスン電子やLG電子といった大手家電は競うように、狭い生活空間に適した小型商品の開発や、小型家電の販売に乗り出している。

単身世帯のライフスタイルに合わせた商品開発を重視するのは、未婚や非婚の割合がさらに上昇することはあれ、もはや反転することはないと予測しているからだ。韓国版「おひとりさま社会」の到来である。

第3章　デジタル先進国の明暗——最先端の試行錯誤

1　キャッシュレス大国の現実

国策によるクレジットカード使用の推奨

２０１６年時点で、日本のキャッシュレス決済比率は19・8％にすぎず、日本政府は２０２５年までに40％へ高める目標を掲げている。「キャッシュ大国」の日本と異なり、「キャッシュレス大国」の韓国では、２０１６年にはすでにキャッシュレス決済が96・４％と突出して高く、世界最高水準にある。

韓国のキャッシュレス決済は、クレジットカードの割合が全体の約8割を占める。政府が国策として、クレジットカード決済を後押ししてきたからだ。１９９７年のアジア通貨危機後、未曾有の不況に襲われたことが契機となり、政府はクレジットカードの普及を強力に推進した。

その目的は、第一に税収を向上させるためである。韓国は自営業率が25・1％（2018年）と高く、自営業者の所得捕捉率を高め、脱税防止策を強化する必要があった。

第二に個人消費を喚起し、経済を立て直そうとしたためである。クレジットカードの発行が乱発されるようになったが、政府はさらに利用者増を狙い、年間カード利用額が年収の4分の1を超えた分に対して課税所得を20％控除（上限300万ウォン〔約26万円〕）、決済レシートに賞金が当たる宝くじの抽選番号を付与するといった思い切った普及促進策を進めた。のちに控除率は15％にダウンしたが、それでも年末調整で還付されるため、税金を安くする節税対策として、現金よりもクレジットカードの使用が好まれるようになった。

韓国では一切財布を持ち歩かない人も多い。スマートフォンと携帯ケースに交通カードを入れておけば事足りるからだ。スマホには専用端末にかざすだけで使えるクレジットカードアプリや各種のポイントカードのアプリが入っているため、そもそも財布に入れるものがない。

今後は、モバイル運転免許証などが発行されるようになる。政府は紛失による再発行費用を節減するため、財布レス化を積極的に進めている。

いまや若い世代ではデート代は割り勘で、2人でまとまったお金をチェックカードに入金し、デートの支払い時にはそのカードを使用するカップルもいる。チェックカードは日本のデビットカードに似たもので、銀行ATM用のカードであるが、このカードで支払いにも使える。クレジットカードが持てない未成年は、チェックカードを使うことが多い。

友人同士の食事は、誰かがまとめてクレジットカードで支払い、自分の分はスマホで銀行のアプリを通じて相手の口座に振り込む。あるいはモバイル決済で簡単に個人間送金ができる。キャッシュレスの普及により、以前にはあまりなかった割り勘文化が若い世代を中心に急速に広がった。

店舗の端末の不具合などでクレジットカードが使えない場合は、店から提示された口座番号にその場で振り込む。スマホのアプリを通じて簡単に送金ができるカカオペイなどの簡単決済も利用度が高い。

公的機関では、決済はすべて法人カードで行い、個人のカードや現金での立替払いはありえない。

スマホ利用率は国民の95％

現金を手にするのはどういうときか尋ねると、「日曜礼拝で回される献金袋にお金を入れるとき」「結婚式や葬式。ただどちらも、振込口座が知らされているから、指定された口座に送金することが多い。相手の電話番号さえわかれば簡単に送金できるので、携帯で済ますこともある」「お年玉をあげるとき。現金の方が、もらった気になるだろう」だった。なかには購入した場所やモノで個人情報を捕捉されたくないために、意図的に現金を使用する人もいる。

欧州中央銀行は500ユーロ紙幣の廃止を決めるなど、高額紙幣の流通を止めている。日本でキャッシュレス決済が低調なのは1万円札という高額紙幣があるから、という指摘もある。韓国は2009年まで1万ウォン以上の紙幣がなかったため、財布のなかがかさばって現金の持ち運びが不便だった。現在は5万ウォン札が使われているが、支払い時におつりがないと断られることもある。

現金の持ち歩きは、常にスリや盗難のリスクと隣り合わせでもある。クレジットカードは利用すれば、すぐさま履歴が本人のスマホにショートメールで送られてくる。万が一盗難にあい、不正利用されればすぐわかる。現金だとこうはいかない。紙幣の使い勝手の悪さが、韓国ではキャッシュレス決済を促したことは間違いないだろう。

米国などではコスト削減や業務の効率化を理由にキャッシュレス決済しか受け付けない店舗が増え、キャッシュレス難民が問題となっている。

韓国銀行によれば、決済手段として現金を主に使用する人は2016年時点で26%にすぎない。高齢者ほど現金での決済を好むが、大半の店舗では現金払いができるため、特に大きな問題は起きていない。

米研究機関のピュー・リサーチ・センターの調査によれば、2018年時点の韓国のスマートフォン利用率は95%と高く、スマートフォンを使用した決済に大きな支障はない。政府や金融機関は、誰でもスマートフォンを使いこなせるようにと、老人施設や、福祉会館などで高齢者対象の講座を頻繁に開き、「シルバー・スマホ教育」に力を入れてきた。そのかいもあってか、スマホを活用したモバイル決済は、利用者数が右肩上がりである。

さらに、現金は不衛生なこと、新型コロナウイルスが紙幣を介して感染する恐れがささやかれるようになり、キャッシュレス化は加速している。

国税庁のウェブで確認できる買い物履歴

日本では中小の小売店や飲食店などクレジットカードで決済できない店がかなり多い。店側が決済手数料や端末の負担をしなければならないのが一因である。

一方、韓国では小店舗でもキャッシュレス決済が当たり前にできる。一定額以上の年間売上高のある店舗すべてにクレジットカードの取り扱いを義務づけているためである。顧客のカード払いを拒否すると、罰則が科される。

クレジットカード決済が主流の韓国でも、店側の手数料負担は大きい。営業利益に応じて幅があるものの1.5〜2％である。体力がない小売業者には重くのしかかる。こうした小売業者らの手数料負担を軽減するため、政府は決済手数料を0ウォンにするQRコード決済「ゼロペイ」に力を入れている。そのため、ゼロペイの所得控除率をクレジットカードの15％よりも高い40％に設定し、利用者のインセンティブを厚くすることで普及を促している。

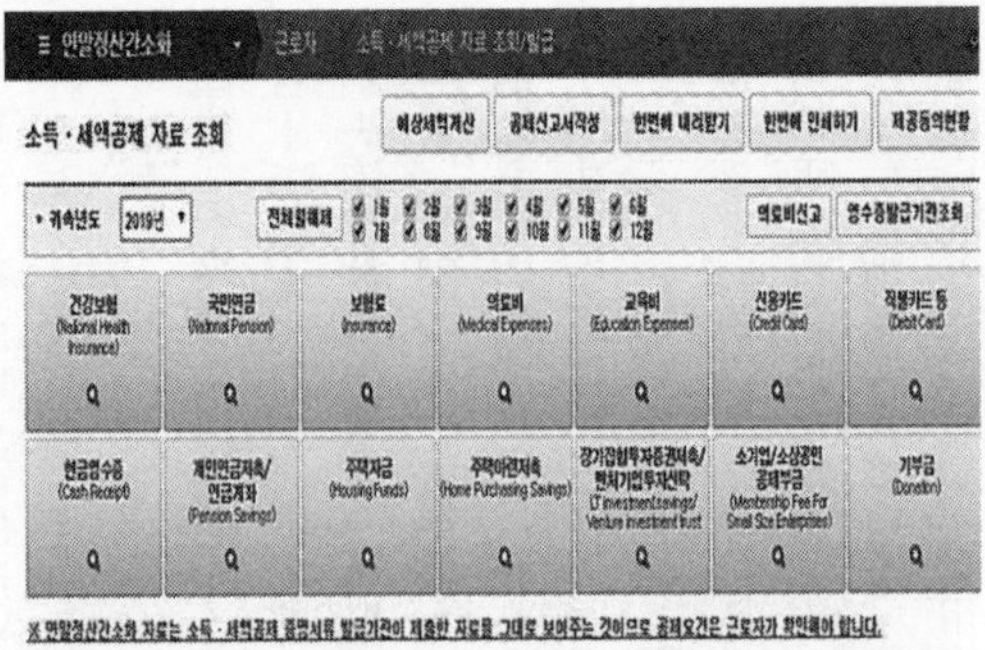

韓国国税庁 HP，Home tax　所得・税額控除資料照会の個人ページには，健康保険，国民年金，保険料，医療費，教育費，クレジットカード，寄付金など14項目のリストが揃えられアクセスできるようになっている．確定申告の手間がかからないのは，支出入のデータが政府に把握されているからでもある

韓国では現金払いの場合でも、客の求めに応じてレジで現金領収書を発行しなければならず、拒否すれば罰せられる。店側が現金領収書発行用の端末で現金領収書を発給すると、現金決済額や内訳が、顧客の情報とともに国税庁に通知される仕組みとなっている。

個人は領収書を保管して提出する必要はなく、国税庁のウェブサイトで住民登録番号を入力すれば、過去1年間の買い物履歴をすべて確認できる。この現金領収書の総額は年末調整時に所得控除の対象となるため控除を望む場合は、現金払いのときでも店側に現金領収書を発行してもらう。

こうした仕組みは、店舗の売り上げの捕捉率を高めるためである。韓国では日本人観光客相手のエステや店舗などは、税金逃れをしようと値引きをちらつかせ、現金払いを求めるところが少なくない。韓国で年末調整する客には求めに応じて現金領収書を発行しなければならないが、外国人客にはその必要がないからだ。

キャッシュレス化の弊害

急激なクレジットカード決済の拡大には、副作用も大きかった。使いすぎにより家計債務が膨張し、債務不履行者が続出して、「カード破産」に追い込まれる人もいた。

キャッシュレス化のリスクが、露呈する事件も起きた。2018年にソウルで通信最大手KTの通信ケーブルの火事が起き、十数万本の通信回線が寸断された。一部地域では3日もの間、インターネットサービスと携帯電話が不通になり、通信障害によりカード決済が機能不全に陥り、大混乱が起きた。

カード決済ができないため、コンビニや飲食店、商店は臨時休業を余儀なくされ、大きな損失を被った。人びとは公衆電話を探し回り、数少ない公衆電話には長蛇の列ができた。地域によっては銀行のATMも使えなくなり、現金を引き出すことさえできなかった。行き過ぎたキャッシュレス化の弊害や、災害時リスクの大きさを実感させる大事故であった。

日本では、キャッシュレス比率を高めることが政策目標となっている。現金は、発行や流通、保管といったコストがかかる。その点、キャッシュレスは効率的だ。消費者はATMに立ち寄る時間が節約でき、銀行はATMに現金を輸送するといった管理コストが削減できる。

日本にはATMがあまりにたくさんあり現金がすぐに引き出せるため、逆にキャッシュレス化が進まないという指摘もある。キャッシュレス比率向上のハードルは低くはない。その半面、韓国の事例にみるように、現金決済が低下してしまうと、災害時にキャッシュレス決済が困難になり、経済に打撃を与えかねない。日本は地震や台風など災害大国だけに、通信回線が寸断されたときの対応策も大きな課題であろう。

2　国家による個人情報管理——住民登録番号制度

国民健康保険システム

戸籍や住民票、保健医療といった韓国の社会制度の多くは、日本の統治時代に導入した仕組みが基になっている。このため、日本と韓国の公共サービスは非常に似ている。一方、韓国では日本を上回る勢いでIT化が進み、個人情報を国がデジタル管理しているところに特徴がある。

国民健康保険制度の実際の運用を、ひとりの女性の経験を通じてみてみよう。

イ・ソレ、51歳。スマートフォンのメール着信音が鳴り画面を見ると、区のがん検診を今年はまだ受けていないので早く受けるようにとの督促メールだった。うっかり忘れていた。行政が個々人の受診の有無を把握して、こうして知らせてくれるのはありがたい。

韓国政府は医療費を抑制するために、疾病《しっぺい》の早期発見、早期治療を重視している。各自治体は検診の受診率を上げるため、未受診者に受診勧奨通知を郵送や携帯メールなどで送らなければならない。その成果もあって、OECDのデータ（2016年）では、韓国は乳がん検診の受診率が65・3％、と高い（日本は42・3％）。

がんなどの疾病を早期発見できれば、医療費の削減になる。検診を受けずにがんと診断された場合、ペナルティとして医療費が高額になることがあるので、検診は欠かせない。

ソレは病院の検診予約をスマホで入力しながら、ふと実家の母の歯科治療に付き添う約束をしていたことを思い出した。歯の健康は全身の健康につながるとして、歯科治療の医療保険は特に手厚い。歯石除去は国から補助があるため格安で、差し歯は65歳から、インプラントは70歳からいずれも保険適用となり、安価で治療できる。母は3本目のインプラント治療が必要だった。

さらに、65歳以上はインフルエンザの予防接種が無料で受けられるため、接種率はOECD加盟国で1位（82・7％、2018年）となっている。

急いで午後の検診に向かう。初めての病院だったが、受付時に保険証は要らない。必要なのは住民登録番号だけだ。

国民健康保険公団の個人疾病情報データベースは、住民登録番号と紐づけられており、ソレのこれまでの特定検診データ、既往歴や現病歴、通院記録、受診内容、検査結果、投薬履歴、治療費といった医療データが経年的に蓄積されている。通院するごとに最新情報に更新される。カルテに住民登録番号を入力すれば個人の海外渡航歴まで辿れるため、新型コロナウイルスなどの感染症が起きた場合には、感染経路の特定に役立つ。

生まれたときから住民登録番号で管理されているので、子どものときに受けた感染症や予防接種の記録もある。母子手帳を紛失して、子どもの予防接種歴が確認できないといったことは起こりようがない。薬局に出す処方箋もアプリで届くので、何を処方されたかスマホに記録が残る。

集積されたデータは国民健康保険公団の職員しかアクセスできないようになっている。だが、不正アクセスした職員による情報漏洩はありうる。毎年のように、不正アクセスで処分される職員がいるのも事実だ。

「あ、イ・ソレさん。今年はあと5回しか残っていませんよ」。病院の案内デスクから呼ばれてそう告げられた。国民健康保険の年間の病院受診回数には制限があり、それを超えると自己負担率が上がるのだ。1年間に何回も複数の病院に通院するうちに所定の日数を超えることがある。そうなる前に窓口で患者に必ず説明しなければならないと定められている。

検診が終わり、すぐに医師から結果説明を受けた。卵巣腫瘍の疑いがあり、腹腔鏡で切除する手術を受ける必要があるという。ショックだったが、早期に発見できてよかった。

さて、どこで治療を受けるべきか、まず考慮するのは病院の規模だ。日本の国民皆保険制度をモデルとして導入された韓国の医療保険制度だが、日本の制度と異なる点も多い。毎月の健康保険料は低額なかわりに、自己負担の割合は30〜60%と幅が大きい（入院の場合は一律20%）。韓国の医療保険制度は、「低負担、低給付」なのだ。外来の自己負担の割合は医療機関別に異なり、所在地や種類、病院の規模などにより変わってくる。

日本の先を行くサービス

ソレは検診の帰り、たいていの総合病院に併設されているショッピングモールに寄り、カフェに入った。スマホを取り出し、医療機関のミシュランガイドと呼ばれているアプリを開き、各病院の設備、手術実績や執刀医のリスト、生存率の5段階評価表を見比べてみる。

日本では原則的に禁じられている保険診療と保険外診療を合わせた混合診療は、韓国では選択診療として認められている。選択診療とは日本でいう自由診療である。特定の資格を満たした医者を選んで診療を受ける場合には保険適用外となり、追加費用は全額患者負担となる。費用を考えると、評価の高い執刀医にはとても手術を頼めないとあきらめる。

次に、医療機関が提供した医療サービスの内容や費用、診療報酬明細書が妥当かどうかを査定する公的機関である「健康保険審査評価院」が提供する、病院ごとの医療の質評価表をじっくり読み込む。

病院別に注射剤や抗生物質の処方率の過多を示すリストもあり、念のためチェックする。不正請求をした病院のリストが保健福祉省のホームページに公開されているので、そちらも確認しておく。結局、手術するのは家からもっとも近い距離にある病院に決めた。

そういえば、以前、健康保険審査評価院から突然、払い戻しがあると連絡がきたことがあった。健康保険審査評価院は、保険外での処方や過大請求、過度な治療行為など、治療費の払い過ぎなどが見つかれば、患者に直接連絡してくれる。患者本人が病院から過剰請求があったと思えば、健康保険審査評価院に連絡をして確認依頼することも可能である。

1997年のアジア通貨危機を機に、社会のあらゆる分野でIT化が進められた。病院からの診療報酬請求書の審査も、この時期からコンピュータですべてチェックされるようになった。怪しい請求額や評価のよくない病院からの請求は、専門家が精査する仕組みとなっている。

卵巣腫瘍を腹腔鏡で切除する手術を受けたソレの治療費は、保険対象外のMRI、CTの精密検査が60万ウォン（約5万2000円）、6泊7日の入院で100万ウォン（約8万7000円）だった。最新の施術法で治療でき、医療費もさほど高額でない韓国はとても住みやすい国だ、とソレは実感した。

一点だけ困ったのは、看病人（付添看護人）を頼まなければならないことだった。韓国の看護師は、トイレの付き添いや身体を拭くこと、飲食介助といった医療行為ではない身辺介助は一切行わない。ソレの実母は高齢で、ソレは若くして離婚したので頼れる家族はいない。日本でも、1994年に健康保険法改正により、付き添い看護が原則なくなり完全介護に変わるまで、入院患者の身の回りの世話を看病人に頼むことは珍しくなかった。

　看病人は病院で申請し、手配してもらった。中国から来た朝鮮族の女性で、60歳くらいに見えた。費用は一日当たり8万ウォン（約7000円）で、看病人は基本的に病室の隅の簡易ベッドで一緒に寝泊まりしながら身の回りの世話をしてくれる。

　看病人保険に加入しておいてよかった。韓国の病院は保険外診療を併用する混合治療が広く行われているから、民間の医療保険にはできるだけいろいろ入っておいた方がよいのだ。

　病院の支払いはクレジットカードで済ます。今年は医療費がかかったが、医療控除は年末調整時に専用サイトにログインすれば、控除関連の書類の一覧表がすでに名寄せでそろえられている。あとは医療費控除欄をクリックして出力するだけで手続きが終わる。

北朝鮮のスパイ事件からの普及

　日本では2016年からマイナンバーカードの運用が開始したものの、カードの普及率は低迷している。韓国の住民登録制度は、1962年の住民登録法制定に基づき施行されたものだ。住民登録制度の起源は、日本統治下で植民地朝鮮の住民を管理するために定めた「朝鮮寄留令」（1942年）に遡る。「朝鮮寄留令」を基礎として、権威主義体制下で導入されたのがいまの住民登録制度である。

　韓国では住民登録番号を通じて、行政サービス、納税、医療、銀行、教育、福祉、出入国

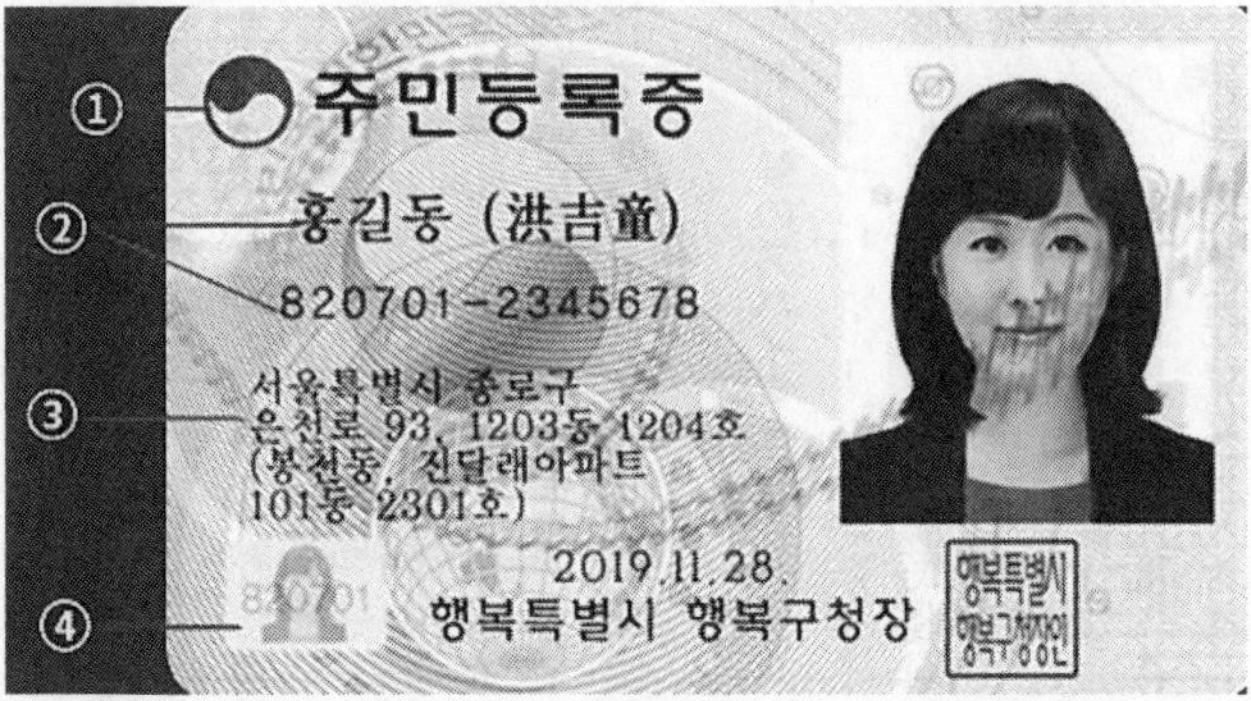

住民登録証（2020年からの見本） 17歳になると全員にクレジットカード大のこのカードが配布される．①住民登録証，②名前・住民登録番号，③住所，④生年月日．なおモデル名の「洪吉童」は義賊とされた朝鮮時代の小説の主人公名　出所：行政安全省

管理、クレジットカード利用歴など、個人のあらゆる記録を紐づけしている。１９６０年代から住民登録番号の普及が進められていたことが、のちの行政サービスの電子化に大きく役立った。

国および地方自治体の行政情報共同利用センターのハブとなっている行政情報ネットワークに住民登録番号を照合すれば、中央集権的に一括して管理・蓄積された個人情報がすぐに把握できる。

韓国は電子政府ランキングで世界トップクラスにあり、行政の効率化を支えているのは、この制度である。生まれてから死ぬまで国民は、単一の番号で国により一元管理されている。その番号からは顔写真、指紋、携帯電話番号はもちろん、所得や教育歴などあらゆる個人情報に辿り着ける。今日のデジタル社会の中核にあるのが住民登録番号なのである。

マイナンバーのような番号制度の紐づけは分野を限定して運用するのが世界の主流だが、韓国は中央政府が集中管理するシステムで分野横断的に活用される。国家にとって、こうしたデータは権力の源泉だ。

住民登録番号制度を利便性が高くて効率的だと考えるか、中央政府による国民に対する強力で機能的な管理と考えるかで、捉え方は異なってくる。

1965年に政府が住民登録証の発行と携帯を義務化する方針を打ち出した際には、大きな反対運動が起きた。国民統制の手段であり、人権侵害の道具にされると世論は反発し、野党やメディアも悪法であると激しく批判した。

ところが、1968年に北朝鮮から侵入したスパイによる朴正熙《パクチョンヒ》大統領暗殺未遂事件が起きると、韓国内に潜伏する北朝鮮のスパイを洗い出すという名分ができた。当時の軍事政権は、住民登録証は大韓民国の国民であると識別するための証明書であり、国家の安全保障や臨戦体制の強化、さらには兵役忌避者の徴兵管理にも不可欠であるとして、反対を押し切り、住民登録番号制度の運用を強化した。1970年には住民登録証の発給を受けることが義務となった。さらに1980年には住民登録証の常時携帯が義務づけられた（1997年に削除）。

現在は17歳になると役所に赴き、指10本すべての指紋登録を行い、住民登録証の交付を受ける。日本の植民地支配の遺産であり、軍事政権の体制維持に活用された歴史的記憶は忘れさられ、いまや住民登録証は、生活に欠かせないものとなった。公的な身分証を手にして大人になったような気がしたという韓国人は多く、住民登録証を持つことを成人となる通過儀礼のように感じる人もいる。

番号で出身地がわかった弊害

住民登録番号は必ずしも生涯不変というわけではない。誤った生年月日の出生届の訂正や、性転換を受けたといった理由での変更は、例外的に認められてきた。

それ以外の理由で住民登録番号の変更はほぼ許可されず、住民登録番号の流出事件が起きるたびに不満が高まっていた。ところが2015年、憲法裁判所は住民登録番号の変更に関する規定がないのは個人情報の自己決定権を侵害しているとして、憲法不合致決定を下した。

この判決により、2017年に住民登録法は改正され、所定の事由があれば住民登録番号の下6桁が変更できるようになった。制度開始2年間で1109人が新しい住民登録番号の交付を受け、そのほとんどが住民登録番号の流出による貸付詐欺、番号盗用による被害が申請理由だった。

なかには紛失した住民登録番号を韓国居住の外国人に盗用され、病院の診療に200回以上使用されていた例もあった。DV被害者のように、移転時に現在地を配偶者に知られないよう番号変更した例も少なくなかった。

現行の住民登録番号は13桁で、最初の６桁は生年月日、７桁目は性別、８桁目以降は出身地などを示す地域番号が振られている。番号の８桁目と９桁目の数字をみれば、出身地域が簡単に割り出せ、個人情報流出の観点から大きな問題となってきた。

以前ほどではないにせよ、企業への就職や求人募集などで特定の地域番号を持つ人は採用しないという差別があることも深刻だった。２０１８年にもコンビニ店主がアルバイトの募集で、本人や家族が特定の住民登録番号に該当する人は応募しないでほしいと注意書きをつけ、波紋を呼んだ。該当する番号は、光州広域市と全羅南道、全羅北道の３つの地域番号だった。

住民登録番号の地域番号を任意の番号に変更すべきだという主張は根強く、国会には住民登録法改正案が議員立法として何度も提出されていた。２０２０年から下６桁を地域番号ではなく自動抽出した番号に変更されることになり、長年の懸案は解決に向かう。ただ適用されるのは２０２０年10月から発行される住民登録証に限られ、すでに発給された番号は、特例を除けば半永久的に変わることはない。

管理への批判より利便性への評価

現在の韓国では住民登録番号による個人情報の一元管理への警戒や批判の声は小さい。個人情報と引き換えに得られる利便性がはるかに大きいためだ。

住民登録番号により個人情報は一元管理され、給与所得や給与以外の所得、医療費の支出額、世帯構成員の所得、源泉徴収額などが行政間で共有されており、確定申告の手間がかからない。引っ越しの際は、自宅のパソコンから転入届のページに新住所を入力して申請すれば、あとは転出元と転入先の職員が行政情報共同利用システムを用い、手続きを済ませてくれる。

転出にともない住所変更届けが必要な運転免許証、国民健康保険、国民年金、子どもの転校手続きなども自動処理される。一括処理が可能なのは、全国の行政機関が一つの情報共同利用システムでつながっているためだ。

年齢に応じて受けられる福祉サービスを確認したい場合は、住民登録番号を入力すれば一目瞭然だ。相続や死亡の申請もネットで完結する。パスポートの申請も、住民登録証を見せれば、あとは写真を撮って手数料を払えば完了する。

たしかに便利ではある。便利になればなるほど、この利便性と個人のプライバシー、そして情報漏洩リスクがトレードオフの関係にあることへの意識は稀薄になりがちだ。

住民登録番号は個人の各銀行口座とも紐づけされており、行政機関は個人や家族の資産や預金情報を照会し生活保護などの不正受給を減らそうとしている。それ自体は効率的であるが、個人にとっては思わぬことが起きることがある。

生活保護の申請を却下されたある女性がいた。却下の理由をきいたところ、20年間別居中で生死も不明だった夫の口座に、預金があることが判明したからだと説明され仰天したと言う。その口座がどこの支店にあるのかは、個人情報だとして教えてもらえず、夫の消息はいまだにわからぬままだ。

日本ではマイナンバーカードの交付から4年が経過した2020年3月時点で、カード取得者は16%にすぎない。番号で一元管理されたくない、手続きが面倒、必要性を感じないなど、理由はさまざまだろう。

健康保険証との一体化など、日本政府は運用を高めようとする対応策に乗り出しているが、どのように利用されるかわからないという政府への不信感や不安はまだ大きい。

相次ぐ情報漏洩事故

韓国では住民登録番号があまりに身近で、社会生活を営むうえで欠かせない番号だったため、取り扱いに慎重さを欠く面があった。

たとえば、自分の番号をメールで送信したり、電話口で伝えたりといった具合だ。なかには、数年前に住民登録番号証を紛失したものの、紛失の届け出だけして再発行しないまま過ごしている人もいる。番号は覚えているので、特段困ったことはないと言う。

2011年、IT先進国としての地位確保と世界各国とのFTA（自由貿易協定）締結への準備という目的で、韓国政府は個人情報保護法を制定した。個人情報の漏洩を防ぐため、保護義務適用対象を公共機関から民間まで拡大した同法では、本人の同意や法令による要求なしに、機微な個人情報を処理できないと定めている（第23条）。法制定の前後には、ハッキングによる大規模な個人情報流出事件が続いていた。

2012年には情報通信網法を改正し、民間業者がオンライン上で住民登録番号を収集するのを禁じた。それまで、オンライン上のサイトでは住民登録番号を入力しなければ会員登録ができなかった。本人確認や会員の管理がしやすいという理由で、住民登録番号の収集が安易に行われ、利用者も特段の違和感なく自分の住民登録番号を入力してきた。

2014年1月、クレジットカード大手3社から、韓国の人口を上回る延べ1億人を超える個人情報が漏洩するという大事件が発生した。情報を持ち出したのは情報セキュリティー会社の社員で、個人情報の一部を民間業者などに売却した。情報が流出した個人の携帯に営業電話が鳴りやまなくなる事態が起き、大問題となった。

自分の住民登録番号も流出したことを知った当時の朴槿恵大統領は激怒し、すぐさま改善に乗り出すよう関係各省庁に命じた。

この事故がきっかけとなり、政府は同年11月に情報通信網法を改正した。情報漏洩企業への処罰や損害賠償を大幅に強化し、個人情報が漏洩した場合に利用者は損害額を立証しなくても法定損害賠償が請求できる制度が導入された。

2015年には個人情報保護法を改正して、民間企業は住民登録番号を収集できないようにし、違反時には刑事罰を科した。さらに、管理責任者が十分と思われる安全対策を行っていたとしても、個人情報の漏洩事故が起きた際には、課徴金や過怠《かたい》金、CEOを含めた管理責任者らに懲戒や更迭などのペナルティを科すという条項を設け、厳しい罰則規定を付した。

各種公的機関の書式欄に記載する住民登録番号は、必要以上に書かせることがないよう厳しく制限が加えられた。学校の入学書類、学生名簿、成績管理、卒業証書、図書館利用カードなどから住民登録番号の記載欄が消え、2020年以降に発行されるパスポートからは、住民登録番号が削除される。

民間企業がそれまでに収集した住民登録番号は破棄することが求められ、住民登録番号が流出した際の課徴金も新設された。

政府は「eプライバシー・クリーンサービス」という専用サイトを開設し、誰が何のサイトに加入しているのか、個別に知らせている。住民登録番号や携帯電話など個人情報を記入すれば、自分がこれまで加入したサイトの一覧表が表示される。あとはそれを確認しながら脱退するサイトを選び、手続きまでできるサービス機能付きのサイトである。

こうした数々の制度改正を行い、刑事罰を科しているにもかかわらず、漏洩事件はなおも起きている。高い利便性は常に個人情報漏洩のリスクと隣り合わせにあり事件を防ぐための対策には限界がある。

文在寅政権は、情報通信産業やバイオ・金融分野など、第四次産業革命の推進を国政課題の目玉に掲げている。2020年1月、「データ経済への転換」を目指し「データ3法」と呼ばれる「個人情報保護法」「情報通信網利用促進および情報保護などに関する法律」「信用情報の利用および保護に関する法律」改正案が国会本会議で可決された。3法の改正内容はデータの活用を妨げる規制の緩和であるが、仮名化された個人情報がどのように活性化されるかわからず、プライバシーが侵害される恐れがあるとして、一部からは強い反発の声が上がっていた。

個人情報は本人の同意なしに活用することができなかったが、法改正により今後は個人を特定できないよう加工した「仮名加工情報」が、ビッグデータとして統計作成や科学的研究、公益的記録の保存などの目的に活用可能となる。仮名加工情報は個人情報保護法の対象外でデータ活用を活性化するために新設された。人工知能(AI)技術を駆使して仮名化された個人情報を医療データ分析に活用するヘルスケア事業などにも使用できるようにするのが改正の趣旨であった。

3 世界のトップを走る電子政府

不必要な文書を書かせてはいけない

韓国は2001年、行政手続きを電子申請に統一し、行政事務は原則として電子処理化することを定めた「電子政府法」を制定した。

電子政府法は行政の業務効率やサービスの向上を目的とし、各省庁や自治体は行政機関の間で確認できる情報は共有し、不必要な文書を国民に書かせたり求めたりしてはならないと定めている。

日本の行政手続きは電子化されてない部分が多く、「eガバメント」の遅れが課題となっている。各種の証明書が必要な場合、役所に出向いて申請し紙で発行してもらうという手間がかかる。ネットで申請できる自治体でも、返信は郵送でなされるため時間がかかる。なかにはネットで申請するのとは別に発行手数料を郵便為替で送れという自治体もあり、結局、郵便局に行くはめになる。韓国では、こうしたアナログ方式の手続きが必要となることはない。

日本も周回遅れではあるが、2019年5月に行政手続きを原則電子申請に統一する「デジタル手続（デジタルファースト法）法」が成立し、利便性を高めようとする動きが進み始めた。

すでにコンビニなどに置いてあるマルチコピー機で、住民票の写しなどの各種証明書を取得することは可能だ。ただ、利用にはマイナンバーカードが必要だ。カードの取得率が低いだけに、こうしたデジタル行政サービスの利用は限定的となっている。

一方、韓国では、就職などで住民票や戸籍謄本、卒業証明書といった各種証明書が必要な

「政府24」のHP　このサイトからオンラインで，住民登録謄本，納税，出入国，所得額，予防接種歴といった各種証明書の申請，転入届，診療内容や国民年金加入内訳の照会などの行政手続きがワンストップでできる

際には、役所に出向かず、オンラインで申請する。書類交付はメールで知らされ、簡便で速く、交付手数料もかからない。発行書類はそのまま提出先にメールで送信するが、必要に応じて自宅のプリンターで印刷して使うこともできる。

スマートフォンを使った電子申請システムも進んでいる。「政府24」というアプリから、住民登録謄本・抄本や、健康保険資格確認書、地方税納税証明書といった電子証明書の発行が申請できる。電子証明書の発行対象は、2020年には家族関係証明書、国民基礎生活受給者証明書、障がい者証明書など100種に、2021年までには印鑑証明書など300種まで拡大し、スマホで手続きを行いオンラインで完結できるようになる。

計画通りペーパーレス化が順調に進めば、2022年までに紙の証明書発行数は半減し、約3兆ウォンのコスト削減につながると見込まれている。

トップダウン式の強み

韓国が短期間で行政手続きのデジタル化を成し遂げたのは、情報の共同利用に向けて中央政府が標準システムを開発し、トップダウン式にシステムを一本化したからだ。全国共通の行政システムの構築を可能にした。システムの運用や改修なども、全国単位で一元化して管理されている。日本では各自治体が個別に異なるシステムを構築してきた。そのため自治体ごとにシステムや様式がバラバラで標準化されておらず、一本化が困難な状況にある。

韓国で電子政府化の指揮をとるのは、民間から抜擢された専門家集団である。電子政府政策推進の舵取り役である「情報社会振興院」は、電子化戦略の立案からプロジェクト管理の推進、システムの調整、支援までトータルに行う機関だ。職員の9割は博士号を持つIT専門家である。

こうした体制のもと、韓国は日本を一足飛びに追い抜いて、行政分野に関する国連の電子政府ランキングで、2010年には192ヵ国中1位に躍り出た。

名寄せによるデータ収集が簡単にできるため、電子政府の運用で重要なのは、個人のプライバシー保護の徹底化とヒューマンエラーをなくすことだ。行政が個人情報を取り扱う際には、データにアクセスできる権限を制御するアクセスコントロールと、誰がアクセスしたかを記録し、システム運用の透明性を高めることが必須だ。

韓国では、行政職員が必要とする情報があれば、個人の同意を得て行政情報共同利用システムを使って確認する。この際に、どの行政機関が、いつ、どこの機関が保有する、どういったデータを照会したのか、担当者の氏名や連絡先を含めた履歴が記録される。個人はネット上で一連の履歴の開示を要求することができる。行政職員には個人情報漏洩防止が義務づけられ、違反すれば罰則が科される。

紙ベースではなく電子データで情報を管理する仕組みは、韓国の法曹界にも及んでいる。司法のIT（情報技術）化により、民事裁判の手続きはオンラインで行うのが一般的だ。訴訟書類は裁判所が運営する電子訴訟システムを通じ、電子データでやりとりする。

2010年に電子訴訟が導入されて以来、特許訴訟から民事、家庭裁判所が行う家事裁判まで活発に利用されている。電子訴訟の利用率は、民事訴訟では8割に達している。

当事者は、証拠などの準備書面を自宅からオンラインで提出でき、事件の進捗《しんちょく》状況や記録をネットでいつでも閲覧できる。IT化により民事裁判は処理が迅速になり、作業効率が上がったという。裁判までの時間短縮、書類の紛失や外部流出の防止、ペーパーレスを通じたコストカットも進んだ。

こうした取り組みから、韓国は世界銀行のビジネス環境ランキングで、2019年には「司法の利便性」で第2位の評価を受けた。新型コロナウイルス感染防止のために、裁判I

T化の動きが一段と加速しており、高等裁判所は今後遠隔（リモート）裁判を積極的に活用していくことを打ち出している。

日本も民事裁判のIT化を急ピッチで進めている。現行では準備書面などの提出は、直接持参するか郵送またはファクスでしか送れないが、２０２１年には書面や証拠のオンライン提出を目指すという。

韓国は司法のIT化だけでなく、韓国の法律を翻訳し、世界に向けて法令情報を発信することにも熱心だ。韓国法制研究院は、対韓投資を活発化するために、韓国の法令を専門スタッフが英語と中国語に翻訳して外国人投資家に提供しており、法改正があればそのたびにすぐ翻訳し、国際発信を行っている。

監視カメラの活用

英国の比較サイトComparitechによる、世界１２０都市の監視カメラ台数ランキング（２０１９年）によれば、トップ10を中国の８都市が占めた。１位の中国・重慶は人口１０００人当たりの監視カメラ台数が１６８台、６位のロンドンは68・４台、９位の北京は39・９台だった。韓国・ソウルは１２０都市のうち34位で、人口１０００人当たりの監視カメラ台数は3.8台だった。

中国は、監視カメラの活用で世界の「最先端」を疾走する。韓国では、個人の監視や管理を強化する中国の動きに対し、まるでジョージ・オーウェルが小説『一九八四年』で描いたディストピアのようだとネガティブな視線を向ける。その一方で、信号よりも多い監視カメラにより、中国では防犯と治安維持が効率的に行われ、秩序が保たれていると肯定的な評価もみられる。

中国の後を追うように、韓国でもまた急ピッチで監視カメラを導入している。各地で進められているスマートシティ構想も、監視カメラの充実による安全・安心都市機能の向上が喧伝されている。

個人の識別データに基づく監視と管理が加速するなか、韓国の人びとは自ら進んで個人情報を提供してきた。

カフェなどで席取りをするときに、自分のスマートフォンをテーブルに置いたまま注文に行く韓国人は珍しくない。これは街中や建物のいたるところに防犯カメラや監視カメラが取り付けられているため、盗難にあっても犯人が特定され、すぐに見つかるからだという。身を守るためと、わざわざ監視カメラに近いところに座る女性もいる。

より安全な社会・地域に住みたいという切実感から、住民自ら監視カメラの設置を求める要請が引きも切らない。

犯罪発生率の高い暗い夜道に設置された監視（防犯）カメラには緊急連絡装置がついており、ボタン一つで警察につながる。女性を狙った犯罪が起きるたびに、監視カメラを死角がないように張りめぐらせるべきだという声が高まる。

きっかけは連続殺人事件

２０１５年の『情報化統計集』（韓国情報化振興院）によると、国内に設置された監視カメラは推定７９５万台だった。２０１８年時点で、ソウル市には約５万台の監視カメラが公共の場所に設置されている。

ここまで増えたきっかけとなったのは、２００９年前後に連続殺人事件の犯人検挙で、監視カメラが、何度も決定的な役割を果たしたことだ。行政安全省は監視カメラの設置に特別交付税を配分するようになり、街中に監視カメラが広く普及した。

監視カメラが捉えた人物は、住民登録番号のデータベースと照らし合わせて特定できれば、居場所や行動を容易に把握できるという。犯罪履歴があればなおのこと検挙率が高まる。

韓国では交通事故が多いこともあり、トラブルを防止するため自家用車にドライブレコーダーを設置している人が多い。警察は、犯罪が起きれば周辺に駐車していた車のドライブレコーダーを辿る。これで監視カメラに映らない死角も網羅されるとして重宝されている。テレビドラマでは、ドライブレコーダーに犯人が映っていたことから逮捕につながったというエピソードがたびたび描かれる。

韓国社会では、こうした監視の常態化は利便性や安心感をもたらすものと受け止められており、心理的な抵抗が弱い。監視にさらされているという警戒意識が低下するなか個人監視の負の側面は、安全な社会と治安維持を求める欲望にかき消され、人びとはより多くの監視カメラを求めていくようになる。

こうした声に呼応するように、多くの自治体は市民の安全を守るという名目で、個人や民間機関が設置した防犯カメラと監視カメラをネットワークで結び、全方位的な監視体制を敷いている。恣《しい》意的な運用は許されないが、事件や事故が起きれば情報がリアルタイムで共有され、カメラに映った人の個人情報は、本人の同意を得ることなく抜き取られていく。

韓国では新型コロナ感染者が発生するたびに、保健当局が感染者の性別や年齢層、居住地域とともに、詳細な移動経路を分単位で公開した。感染者が訪れた店舗や施設などの移動ルートは、携帯端末の位置情報、クレジットカードの利用履歴、カーナビのデータ、そして街中に張り巡らされた監視・防犯カメラの映像記録などによって割り出された。感染病予防法に基づき、公衆衛生上の緊急事態では裁判所の令状なしでも、当局は個人情報を入手することができる。

社会の安全を優先したこれらの措置は、個人の特定につながりかねず、プライバシーや人権侵害といった問題をはらむ。

利便性とのトレードオフ

ソウル市は、２０１１年にソウル市長に当選した朴元淳《パクウォンスン》市長のイニシアティブのもと、最先端のＩｏＴ（Internet of Things：モノのインターネット）技術を投入したスマートシティ化を推進している。ソウル市は世界最先端のデジタル首都を目指しており、２０１９年に開催された「スマートシティエキスポ・ワールドコングレス（ＳＣＥＷＣ）」では、２０１６年に続き、４５０都市・機関のなかから選ばれる「都市部門賞」を他の５都市とともに受賞した。

ソウル市の市長室などには、巨大なデジタルダッシュボードが設置されており、市内の交通状況、大気汚染、災害、事故、犯罪、物価、不動産価格、予算執行状況まで、ありとあらゆる情報がリアルタイムで表示される。同じ内容がホームページを通じて市民にも公開されている。

その他にも、バスが停留所に到着する時間はもちろん、座席の空き状況までリアルタイムで検索できる機能がある。

また、ソウル市では、ＩＣＴ（情報通信技術）を活用して、災害や事故にあったり、帰宅途中に危険を感じたりしたときなどに、緊急救助を要請できる安心サービスを導入している。助けが必要なときにスマホに取り込んだソウル市のアプリを使って救助を求めると、最寄りの管制センターに自動的に自分の位置情報と現場写真や動画が転送される。管制センターには警察官が常駐しており、必要に応じて警察官が急行する。記録された画像は証拠資料となり、犯罪捜査に役立つ。

同じく最先端技術を活用したスマートシティ化を進めている全羅南道光州市では、音声や映像を分析するソフトでスクリーニングをかけ、悲鳴や不自然な動き、火災などの温度変化を自動感知するシステムを作動させている。アラートがかかれば各地域の管制センターに常駐する警察官と職員が映像を確認し、パトカーや消防車・救急車を現場に直行させる。

各自治体ごとに同様の管制センターが設置されており、監視カメラを通じて24時間体制で所轄地域をモニタリングしている。データは警察と共有するものの、警察任せにせず、行政機関が率先して地域の安全は自分たちで守り管理する、という意識が強い。治安維持に行政が積極的に関与しているのが韓国の特徴といえる。

民間でも、深夜まで塾通いする子どもが往復のルートから外れると現在地の写真や地図を親に連絡するシステム、タクシー内のチップにスマホをタッチすると乗車したタクシーの情報や現在地を、登録した連絡先に自動で知らせるサービスもある。これらは身の安全を守るためのサービスと位置づけられ、子どもや女性が安心して帰宅できるようにと新手のサービスが次々に開発されている。

駐車場に車を止めれば自動的に車のナンバーが読み取られ、駐車時間と停めた場所がスマートフォンに通知される。利便性が高まれば高まるほど、個人の行動履歴は収集され、蓄積されていく。

歩く監視カメラ――「パパラッチ制度」の導入

監視するのは固定されたカメラだけではない。歩く監視カメラもある。政府や自治体はさまざまな違法行為を取り締まるため、密告を奨励する「パパラッチ制度」を導入している。違反を見つけて関係当局に通報した民間人に、報奨金を支給しているのだ。

申告するには証拠となる写真や映像をパパラッチのように撮影する必要があるため、隠しカメラを用いて違法行為の現場を隠し撮りすることが横行している。

この制度で通報されることが多いのは、不法投棄や駐車違反、違法営業行為などだ。また、韓国は空前のペットブームで、犬に噛みつかれる事件が相次いで起きたことから、政府は、リードを付けずに犬の散歩をする飼い主や、指定された犬種に口輪を装着せずに外に連れ出す飼い主を通報する制度を設けようとした。

制度運用の行方が注目されたが、犬パパラッチ制度は実施前日になって無期延期となった。動物愛護団体や飼い主から激しい反発があったためである。

パパラッチ制度は、市民に監視役を担わせることで行政コストを削減するという発想だ。だが、報奨金がなければパパラッチが暗躍することはない。違法行為の取り締まりは市民ではなく、本来は注意勧告の権限が付与された行政が担うべき業務であるはずだ。

4 先進化する教育現場――デジタル化の功罪

ICT活用までの道のり

解放後の韓国は、経済発展に向けて日本が辿った発展段階を後追いしてきた。ところが、情報通信技術の活用、つまりICT化に関しては一足飛びに最新技術を導入し、日本やほかの先進国を追い抜き飛躍的な発展を遂げている。

この背景には、大統領によるトップダウン式の強力なリーダーシップがあったといえる。主要なデータベースの整備は金泳三政権から始まったが、ICT化の立役者となったのは、1998年に就任した金大中大統領だった。1997年のアジア通貨危機による経済破綻の後に「産業化は遅れたが、情報化は先を行こう」をスローガンとして、情報通信技術産業を国家の新たな一大産業にすべく、大規模な予算と資源、人材を集中的に投入した。さまざまな施策を実行に移し「電子政府11大課題」を掲げて、2001年に「電子政府法」を制定し大統領直属の電子政府特別委員会を設置した。

金大中大統領は、就任演説で「私の任期内に、国民のみなさんを、世界でもっともパソコンとインターネットを使いこなせるようにする」と宣言し、ITの積極活用を掲げて大胆な施策に乗り出した。公務員はもちろん、教員や軍人、刑務所の服役因にいたるまで大々的にパソコン講習を行い、全国各地で主婦や高齢者を対象にした無償のインターネット教室を開いた。

当時、路地裏に住む一間の母子家庭などに、大きなパソコンがどんと置かれている光景をよく目にした。「デジタル・ディバイド（情報格差）」の拡大を防ぐため、貧困家庭にはパソコンを無償で貸与し、回線料金を一部負担するなどの優遇措置がとられた。

紙の書類をデジタル化するための行政情報データベース構築作業には、延べ10万人を超える若年失業者を短期雇用した。当時はアジア通貨危機による未曽有の不況下で民間企業が新規採用を大幅に絞り込み、高学歴の若年失業者が大量発生したことが大きな問題となっていた。

同時期に、国会図書館収録の国会議事録、統計資料や論文なども一斉に電子化された。失業者対策を兼ねた行政のデジタル化は、その後の電子政府の発展に大いに寄与することとなる。

PISAショック

学校教育の現場にも、1997年から2000年にかけてICT基盤の整備が大々的に行われた。2000年以降になると、全国どの学校でも、教員一人1台のPCや電子黒板、タブレットなどデジタル教材が配備された。

教員には定期的にICT活用のための研修を実施し、教える側の意識や教授スキルのレベルアップを図った。教育省傘下の韓国教育学術情報院は、授業で活用できるよう、質の高い教育用デジタルコンテンツを無償で大量に提供し、デジタル機材を使った授業コンテンツや活用方法を全国の教員が互いに共有できる専用サイトも開設されている。

スキルが不足した教員や年配の教員に配慮して、デジタル機器の操作やデジタル教材の利活用を補助する常勤のアシスタントも、各学校に配置された。ICTを現場で使いこなすためには、教員へのサポートが欠かせないからだ。

こうした手厚い支援策にも予算を惜しまないのが、韓国の強みだ。最新式のICT機器だけ装備しても、有効活用ができなければ、無用の長物である。

ところで、OECDは、満15歳の生徒を対象に学力の推移を国際的に比較する「学習到達度調査（PISA）」を3年周期で実施している。2018年のPISAで、日本は読解力分野で前回の8位から15位へと順位を下げたが、とりわけ前回調査（2015）よりも平均点が目立って低下したことが大きなニュースとなった。

その一因として、テストがコンピュータ画面上で文章を読み取り回答する方式に変わった点が指摘されている。日本の学校はデジタル機器の活用が、国際比較で際立って低い。PISAによる「生徒の学校・学校外のICT利用調査」では、一週間のうち授業でデジタル機器を使う時間の国際比較がなされているが、日本はICT活用状況では、OECD加盟国のなかで最下位だった。

韓国は政府の方針もあり、デジタル機器を利用した授業は、どれもOECD平均を上回っている。日本は逆に、学校の授業のなかではほとんど活用されていない。ICT機器の未整備、デジタル教材の不足、教材購入のコスト、紙の教科書の著作権問題などが相まって使用しにくい状況にあるからだ。

少なくとも月に1回以上コンピュータを使って宿題をする生徒の割合も、韓国は80・6%とOECD平均の66・1%を上回ったが、日本は18・4%にとどまった。日本でもごく一部の私立学校では生徒全員にiPadが配布され、宿題をネット上で行い提出する体制が整っているが、通常は宿題といえば紙のプリントや紙の問題集だ。

つまり、日本の学校は、紙で配る、紙で読む、紙に書く、紙で提出することが基本となっている。保護者への通知も紙であり、小学校では連絡帳に書いて担任とやりとりする。学校への欠席連絡は、電話かファクスでしか方法がない。米国や韓国では、担任とのやりとりはメールやコミュニケーションアプリで済む。デジタル機器の活用以前に、まずはペーパーレス化を進めることが先決のように思われる。

韓国もPISAの読解力分野では12年連続して平均点が下がっており、2018年のPISAでは、史上最低点を記録したと大きく報道された。得点は日本より10点高かったものの、順位は前回の7位から9位に下がった。

韓国は20年程前から全国の学校にICT環境を整備しており、デジタル時代に対応した学力向上を目指し重点的な教育改革を進めてきた。パソコンに不慣れでもなく、コンピュータ画面上の学習にも慣れている韓国でも読解力が低下しているのだから、日韓に共通する別の要因に注目する必要がある。

求められる授業スタイルの変化

日韓両国ともに教科書を使って知識を一斉に教える方法や詰め込み式の暗記教育がいまだに主流で、試験は教えられたことの再現力を問う形式が中心である。

情報を集めて比較し、根拠を挙げて自分の考えを説明する力を伸ばす授業はほとんど見られない。国語教育は異なる見解を比較検討するというよりは、物語文の主人公の心情や著者の意図などを問うものが多い。国語の試験はテキストの内容を理解しているかを問うもので、選択式で回答は一つだ。さらに日本では、PISAの国語試験で自由記述式の無答率が目立つという特徴がみられる。

ほかにも日韓で共通する問題点がある。10代の子どもは、日本ではLINE、韓国ではカカオのアプリで、スマートフォンによる短文のやりとりが定着している。このため、長い文章を読み通したり読み込んだりする力、つまり読解力が落ちているのではないかと懸念されているのだ。

ＰＩＳＡの調査では、こうしたチャットをほぼ毎日している生徒は、日本が87・4％、韓国が84・6％と上位で、ＯＥＣＤ平均の67・2％を大きく上回った。韓国では10代の約30％が過度のスマートフォン依存状態にあるという調査結果もある。韓国ではネット依存症やスマートフォン依存症の治療キャンプが大流行だ。

また、日韓ともに漫画や小説を読む子どもは多いものの、新聞を読む比率はＯＥＣＤ平均を下回っていた。

韓国独自の課題もある。ＰＩＳＡの結果を分析した韓国教育課程評価院によれば、韓国の生徒は問題を解く速さでは、世界トップレベルにあるという。つまり、制限時間内にひとつの正解にすばやく辿り着くことに優れている。

これは韓国の教育が問題処理能力の速さを競うものになっているからである。じっくり考えて解くのではなく性急に答えを求めるため、思考力を問う問題での得点を難しくしているのだ。

現場の苦悩――ＮＥＩＳによる管理

教育省は２００２年から、全国の学校や市道教育庁、傘下機関をオンラインで結ぶ「教育行政情報システム（ＮＥＩＳ）」を構築し、教育関連情報を共有している。ＮＥＩＳは全国の学生情報をオンライン上に集積している教育ビッグデータでもある。

NEISは韓国政府がクラウドサービスとして無償提供するもので、NEISの運営は、韓国教育学術情報院が行っている。韓国はシステムの導入と運用化のスピードが速いが、これはシステムの運用に必要な情報を国家が一元的に管理し、集中処理する方式が採られているためである。

教員はNEISを用いて、生徒の「学校生活記録簿」を作成する。ここには、生徒の出欠や健康状態、定期テストの結果や成績表、行事や委員会での活動記録、クラブ活動、賞歴、ボランティア時間、行動特性などが記載され、デジタルデータとして一元管理されている。NEISに蓄積された「学校生活記録簿」を基にした「ポートフォリオ」が、入試選考時には志望大学に送られる。

個人情報の扱いには万全が期されており、学校でNEISを使い学生生活記録を入力・照会できるのは、担任や教科教員ら権限が与えられた教員のみだ。無断で照会、または漏洩した場合は、個人情報保護法違反で刑事罰が科される。

教員の長時間労働――一日4時間以上の入力

ところで、このNEISによるポートフォリオ作成業務は、現場の教員たちをひどく悩ませている。2017年に国会議員のシン・ドングンが作成した「教員一人当たり年平均NEIS接続現況資料」によれば、小・中・高校教員はNEISの入力作業に、一日4時間以上要しており、生徒指導や授業準備などの時間を圧迫しているという。

教員が作成した学生の記録は、保護者に限り閲覧することができ、学校生活の様子が把握できるようになっている。内容によっては、見方が偏っている、不正確だといった保護者から抗議の声が上がるだけに教員は神経を遣う。

今後、日本でも「主体的に学ぶ態度を評価する」という入試改革の一環として、通称「eポートフォリオ」と呼ばれる学校生活記録簿を入試に活用するという方針が、文科省から打ち出されている。

eポートフォリオは、韓国のように教員ではなく生徒が、パソコンやスマートフォンなどから、「JAPAN e-Portfolio」などのポータルサイトに入力する。具体的には「探究活動」「生徒会・委員会」「学校行事」「部活動」「学校以外の活動」「留学・海外経験」「表彰・顕彰」「資格・検定」などの項目に沿って、日々の学習過程や成果、振り返りや得た教訓などを記入し蓄積していくことが求められている。

ページ数に制限はなく、文章に加えて写真や図表、動画、音声も記録できるため、膨大なデータとなる。虚偽の記入がないよう、教員が生徒が記載した内容を確認し承認する仕組みとなっている。また、個々の生徒の活動内容へのコメント記入も求められている。

「JAPAN e-Portfolio」は、一般社団法人教育情報管理機構が、運営・管理する民間ポータルサイトである。

他にもベネッセホールディングスとソフトバンクの合弁子会社が運営する「Classi（クラッシー）ポートフォリオ」があり、JAPAN e-Portfolio と連携している。大学受験の際は、デジタル化された高校生活の活動実績を「JAPAN e-Portfolio」のプラットフォーム経由で志望校にオンライン提出する。eポートフォリオに対しては教員の負担増や家庭の経済格差が入試に影響し、教育の不公平につながるなどとして異論が出ており、批判を受け、文科省は2020年2月に評価方法を見直す方針を発表した。

他にもJAPAN e-Portfolioに蓄積される個人情報が、どこでどのように利用されるかわからないと危惧する声も少なくない。

韓国ではすでに2000年代からポートフォリオ、学科ごとに実施される論述や実技、面接といった試験で合否が決まる「随時募集」が、大学入試選考の主流となっている。ポートフォリオの評価は、評価する人間によってバラッキが出ないよう各大学に配置された入学査定官を中心に行われる。定められた保管期間が過ぎれば、すべてのポートフォリオは破棄されることが定められている。

韓国大学教育協議会の「大学入学選考施行計画主要事項」によれば、2015年には64％だった「随時募集」は、20年には77・3％に達している。日本のセンター試験に相当する「大学修学能力試験（修能試験）」の点数で合否が決まる入試方式（定時募集）は、2015年の36％から、20年には22・7％にまで割合が低下している。

ところで、このポートフォリオの入試活用に対しては、「公平性に欠ける」「格差を助長し固定化する」「裕福な家庭に有利」と不満が続出している。曺国《チョグク》前法相の子どものポートフォリオに虚偽の記載が複数あったという入試不正疑惑が大きな社会問題となり、「随時募集」への不信に火をつけた。

直後に文在寅政権は、随時募集による選考の割合を下げ、2023年の大学入試までに修能試験による選抜（一般入試）を4割に拡大していく方針を突如打ち出し、教育現場や生徒は翻弄されている。

新型コロナウイルス下のオンライン授業

さて、韓国の学校教育は3月始業である。2020年は新型コロナウイルス感染者の増加により、3月2日の入学式や新学期開始が見送られた。同時に「学習機会の確保を最優先に」を合言葉とし、オンライン授業に切り替える準備が早急に進められた。4月9日に中学3年生と高校3年生から始まったオンライン指導は段階的に拡大し、4月20日には全学年で遠隔学習が行われるようになった。官民協力のもと、低所得層の生徒にはオンライン授業に必要なスマート機器約30万台が貸与された。

当初は回線がパンクしたり、不適切な画像が表示されたりといった混乱がみられた。それでも、全国の小中高校がオンライン授業の体制を整え、動画配信や遠隔学習に対応できたのは、韓国が全国規模でICT環境を整備し、デジタル端末をそろえ利活用させるといった教育のデジタル化に長期投資してきたからである。

ICT環境を整えさえすれば、現場がすぐに対応できるわけではない。先述したように、韓国では、ICT活用能力を高める研修を定期的に行い、各教員が基本的なICT操作スキルを身につけていた。ICTを積極的に活用した授業経験に富む教員も少なくなかった。数年前から若手教員によるユーチューブでの教育動画配信が盛んになっており、教育省は2019年に指針を定めたうえで、教員のユーチューブ動画配信を積極的に奨励する方針を打ち出したほどだ。

新型コロナウイルスの感染が広がるなか、オンラインによる遠隔授業の方針が定まるや、現場の教員らにより、動画配信のノウハウや同時双方向のオンライン指導のアイディア、デジタル教科書をアップロードし説明するスキルの共有、情報交換のためのサイトが続々と開設された。地域によっては遠隔授業に不慣れな教員のために、サポート要員を学校に派遣した。

また、障がいを持つ子どものため、字幕や手話をつけたオンライン授業、外国にルーツを持つ子どもたちには韓国語学習のためのオンライン授業が別途、提供された。

端末がない家庭や、インターネットに接続していない家庭には、先に触れたように端末の貸し出しや通信費の支給がなされた。だが、すべての家庭に支援が行き届いたわけではない。

ICT先進国の韓国でも、通信環境の格差が教育格差につながりかねない現実が浮き彫りになった。

一方、日本の学校教育は、紙の教材を用い黒板にチョークで書いて教えるというスタイルがいまだに主流である。コロナ禍による休校でICTの導入やオンライン授業の環境整備の遅れが露わになり、在宅学習が十分にできない問題に直面した。首都圏では、公立と私立、あるいは学校間のオンライン授業対応の差も顕著に見られた。

日本の学校はデジタル機器の利用頻度がOECD加盟国で最も低く、情報化やデジタル対応に不備があり出遅れていることは、これまでもたびたび指摘されていた。オンラインで学習機会を提供する手だてが不十分なまま、全国一斉休校に突入した日本の教育現場が大混乱に陥ったのは当然であった。

第4章　国民総高学歴社会の憂鬱――「ヘル朝鮮」の実情

1　低下し始めた大学進学率――岐路に立つエリート教育

日本と韓国の学歴観

近似性が高い韓国と日本だが社会の構成員の属性を、学歴という観点から比較すると何がみえるのか。

国際比較でみると、韓国社会は大卒の高学歴者の多さで際立つ。２０１８年度版『図表で見る教育ＯＥＣＤインディケータ』によれば、若年層（25～34歳）で大卒以上の高学歴者の割合がもっとも多い国は韓国がトップ（70％）で、日本（60％）を上回った。両国はＯＥＣＤ平均（44・3％）と比べてもはるかに高い。

一方で、２００９年に韓国の大学進学率（大学登録者基準）は77・8％とピークに達した後、高学歴者の就職難が深刻化するや18年には69・8％に低下した。それでも同年に57・

9％だった日本の大学進学率よりは約12ポイント高い。

韓国の高等教育課程は、大別して4年制の大学課程と、実践的な職業技術教育を行う2〜3年制の専門大学課程に分かれている。4年制以上の学科の大学を韓国語では「大学校」と呼び、学校名に「大学」とだけ付いているのは専門大学である。

在学率でみると、約3割は専門大生である。専門大学を除くと4年制大学の進学率は50％前後となり、日本の短大を除く4年制大学の進学率（53・7％）と、実はほとんど変わらない。つまり、韓国では専門大学の存在が進学率を押し上げているといえる。

韓国の大学には、日本にはみられない特色がある。演劇映画学科の存在である。1959年に中央大学校に初めて設置され、90年代後半から新設ラッシュとなった。

2019年現在、111校の4年制大学、58校の専門大学、合計169校もの大学に演劇映画学科が設置されている（教育省「教育統計主要指数」2019年）。4年制の一般大学だけでも約6割に、演劇映画学科があるのだ。韓国の俳優の演技力や演劇のレベルの高さは、大学で演技の専門教育を受けた人材の層の厚さが背景にある。

演劇映画学科が多いことは、進路選択の幅を広げる役割を果たしているが、同時に役者といえども高い学歴が求められる社会であることを示している。

2008年以降、先進国では学歴の男女差が広がっており、若い世代は男子より女子の方が大学進学率が高くなっている。韓国では2005年から、女子の大学進学率が男子を上回るようになり、2010年以降は男女差が5ポイント以上開き始め、18年には女子の進学率は73・8%と、男子の65・9%を7・9ポイント上回り、過去最大となった。つまり、近年の大学進学離れの傾向は、主に男子学生に強くみられる。

一方、日本では4年制大学に限ると、女子が男子を上回ったことはこれまで一度もない。日本は大学進学率が5割を超えているにもかかわらず、先進諸国のなかで「低学歴国」とされている。日本は他の主要国に比べ人口当たりの修士・博士号取得者が減っており、大学院への進学率が際立って低いためだ。

近年、日本では優秀な人材が研究職を目指さなくなっている。博士号の取得者は、韓国や欧米諸国では増加傾向にある。一方、主要国では日本だけが減少している。

文部科学省科学技術・学術政策研究所による2019年の調査によれば、日米英独仏中韓の7ヵ国のうち、人口100万人当たりの博士号取得者数で日本は118人と6位だった。1位は英国の360人、韓国は271人で3位に位置している。韓国の産業界は理系の博士号取得者の増大を求めている。

日本では博士課程に進学しても就職できず、企業からも敬遠されるため「高学歴プア」になる現実が、近年の博士課程離れを深刻化させている。これが日本が先進国のなかで低学歴国に位置づけられる一因となっている。

韓国でも文系の博士号取得者の就職難は日本と変わらないが、高度な知識や学位の獲得に価値を見出す儒教的価値観が強く残ること、大学院進学は兵役延期や就職の準備をする猶予期間として有用なこともあり、進学者は多いままだ。

子どもの学歴に対する親の意識

顕著な違いがみられるのは、子の学歴に対する親の意識である。「子どもに期待する学歴」に関する各種の国際比較調査をみると、日本では以前から、子の性別によって親の教育観が異なるという特徴がみられる。

たとえば、学研教育総合研究所が２０１８年に小学生の保護者を対象にした調査では、「子どもの進学に対する期待」について「４年制大学卒業以上」を期待する割合は、男児が78・9％だったのに対し、女児は69・5％だった。一方、韓国、中国、台湾では、男児か女児かで４年制大学卒業への期待に違いはみられない。

こうした子どもの性別に基づく学歴期待の差は日本で際立つ。つまり、日本では女の子に生まれると、親の期待する教育観や大学側の選別といった差別により、進路を阻まれる可能性がある。東大の女子学生の比率が２０１９年でも19・3％にとどまっていること、医学部受験で女子学生が不利益を被ったケースなどが、それを裏づける。ちなみに、韓国トップのソウル大学校は、２０１４年以降女子学生の比率がほぼ４割を占める。

日本で、４年制大学への女子の進学率がほかの先進国のように男子を上回らない理由は、親の教育観だけに起因するものではない。子どもの学歴期待には階層によっても顕著な違いがみられる。

２０１７年の文部科学省の調査によれば、日本では小中学生の段階から、学力のみならず子どもの大学進学への期待に経済格差が反映されている。「どの段階の学校まで進んでほしいか」という設問に、子どもが小６・中３の段階で「大学」と答えた人は所得上位層で80％を超えるが、下位層は30％前後と、約50ポイントもの開きがあった。大学進学費用が負担できる経済的余裕があるかどうかが、子どもの学歴期待に影響していることがわかる。

こうした経済的要因は、男女によって選択できる進路の差を助長しているとみられる。

これに対し、現在の韓国では子どもへの学歴期待でのジェンダー差や家計所得の影響が、日本ほど顕著にみられなくなっている。熾烈な受験競争にみるように、性別や所得に関係なく子どもには高い学歴を求め、教育投資を惜しまない。

親の学歴による子どもの進学率でも日韓には顕著な違いがみられる。日本では親のどちらかが大卒であれば子どもの４分の３は大学に進学するが、親が高卒以下の場合は４分の１しか進学していない。つまり、親が高卒であれば、その子どもの大学進学率は低い。

日本とは対照的に、韓国では世代間で学歴の上昇移動が続いており、親世代が高卒か大卒かに関係なく、４分の３が大学に進学している。現在20代の親世代が学生だった80年代の大学進学率は２〜３割で、そもそも親が大卒者である方が少数だったこともある。

こうした状況も今後は変化するだろう。現在30代の8割近くが大卒者となり、その世代の子どもは親よりも学歴が低くなる可能性が高い。費用対効果の面から大学進学率は年々低下しており、再び上昇する可能性は低いからだ。

日本では逆に少子化を背景に大学進学率が上昇しており、2018年に過去最高を記録した。大学進学率が低下し続けている韓国とは対照的だ。

男性29・2歳――大卒新入社員の平均年齢

韓国での大学進学率の低下は、先にも少し触れたが、主に男子の落ち込みによる。ピーク時の76・3%から9年間で10・4ポイントも急落した。大卒という学歴が持つ社会経済的な利益面での効用が揺らいだことが、男子の進学率をダイレクトに直撃した。

OECDの『図表で見る教育インディケータ』(2018年)によれば、韓国は大卒、高卒ともに、ギリシャ、イタリアに次いで若者の就業率が3番目に低い国としてランクづけられている。25～34歳人口の韓国の就業率は大卒75%、高卒65%で、OECD加盟35ヵ国の平均の大卒84%、高卒77%を下回る。

韓国の大学は学費が相対的に高額で、私的負担率が高い。ほかの先進諸国と比較しても、韓国の私立大学の学費の高さは、米国、オーストラリア、日本に次ぐ4位である。高額な学費にもかかわらず就業率が低いということは、投資に見合うリターンが得られていないことになる。

しかも、大学を4年で卒業できる学生は少数となり、休学と復学を繰り返しながら在学期間が長期化している。韓国統計庁の2015年「人口住宅総調査」によれば、20代後半になっても、男性の約2割、女性では約1割が大学に在学中だが、これは就職できるまで在学期間を延ばすためだ。

大卒者の就職年齢も高止まりしている。就職ポータルサイトであるインクルート社の調査（2016年）では、大卒新入社員の平均年齢は男性30・9歳だった（『東亜日報』2020年4月23日）。高額な費用を投資して大学に進学しても20代後半までほぼ無職だ。退職時の平均年齢は大企業でも52歳となっており、実質的な就業年数は二十数年程度と短い。

0.1％へのエリート教育

日本と同様に天然資源に乏しい韓国は、人的資源を拠《よ》り所としている。ところが人材育成につぎ込める国家予算には限りがある。それならどうするのか。少数のエリートに集中投資する「早期英才教育」と「選択と集中」が、韓国の人材育成の戦略方針である。

たとえば、韓国ではスポーツは選ばれし者がするものであり、早いうちからスポーツ選手を目指す生徒は、全国に設置された体育中学、体育高校に進学する。

競技の裾野を拡大して、広く才能を育てようという長期的な視点には立っていない。優れた才能や資質を持つ生徒を早期に選抜し、世界レベルまで水準を上げるために猛烈な英才教育を行う、短期集中育成方式である。

国家代表候補に選出されれば、最新鋭の設備がそろった国家代表総合訓練院で、高度な医科学研究に基づくトレーニングを受ける。一握りのエリート選手の育成と強化に多額の国家資金を集中的に投入することで、韓国は多くのメダルを国際大会で手にしてきた。

こうした少数のエリートへの早期英才教育は、国家の命運を握るとして重視する科学技術分野でも同様である。韓国政府は1983年に初の科学高校を設立して以降、科学技術分野の人材育成のため全国に科学高校を設置してきた。現時点で20校、すべて国公立だ。

他方で韓国の教育理念は、先述したエリート教育とは相反するが、「平等」「公平」であることを何よりも重視してきた。そのため、政府は1974年に高校標準化制度を導入した。一部の地域を除き高校入試を廃止し、受験名門高校を一気に解体するという荒技を講じたのだ。学校間の水準格差を埋めることで、教育機会を公平にしようとする政策であった。

生徒は学力に関係なく、地域ごとに編成された学区内にある高校に進学するよう、機械的に割り振られる。かつての名門校は名前だけが残り、各高校は学力差のバラツキがある生徒を指導しなければならなくなった。

この結果、全国の高校の学習指導は中間層の学力にあわせたものとなり、トップレベルの生徒の意欲減退や学力低下が問題となった。そこで考え出されたのが、科学高校のような英才教育機関を別途設置し、トップレベルの英才だけを集めて教育するというシステムである。

２０００年には「英才教育振興法」を制定し、エリート教育をさらに強化した科学英才高校を6校、新設した。また、英才児として選抜された小学生、中学生、高校生が放課後や週末、夏休みなどに特別教育を受ける「英才学級」や「英才教育院」も全国に設置した。

こうした英才教育にかかる費用はすべて無料で、税金による負担である。特定の生徒に特別な恩恵を与えることの是非が問われたことはない。とりわけ、科学の英才児は国家の資本であり、国家発展のために政府が集中的に教育投資し育成することは、当然視されている。

科学英才高校は、科学の神童の早期教育が目的であり、中学1年生から受験が可能である。徹底した管理下に置かれるため、生徒は寄宿舎で共同生活を送る。高度な専門教育を行い、専門教科の単位は大学の単位としても認定される。

科学や物理、生物、化学といった教科で国際コンテストの強化生徒に選ばれれば、手厚い支援と指導が受けられる。コンテストに向けては、英才教育を受けているほかの国の高校生と他流試合をするための海外遠征費用も支給される。スポーツ選手育成システムと通ずるものがある。

圧し潰される学生たち

ただ、あまりに性急な短期育成集中プログラムにより、圧し潰される生徒が出てくる。あるソウルの科学高校で生徒が投身自殺する事件が起きた。自殺した生徒は生徒会長を務め、校内のロックバンドでドラムを担当するなど活発で、成績も優秀だったため注目されるニュースになった。

自殺の引き金になったのは、韓国最高の科学技術大学である韓国科学技術院（以下、KAIST＝Korea Advanced Institute of Science and Technology）への飛び級進学に失敗したことだった。その高校では生徒の約半数が、飛び級でKAISTに進学していた。

KAISTは、ノーベル賞級の科学者を輩出することを目標として1981年に設立された、国立のエリート科学大学である。全国からトップ0.1％の秀才を集め、猛烈な競争をさせながら鍛え上げる。サムスン電子など、財閥企業の役員にはKAIST出身者が多い。

そのKAISTでも過去に、学業や研究ストレスから、3ヵ月の間に4人の学生や教授の自殺が相次いだことがあった。それほどに、国家エリートに託された重圧は大きいのだろう。

韓国政府は科学技術研究費に莫大な国家予算を投入している。科学技術企画評価院によれば、2017年基準で、韓国はGDPに対する研究開発予算の割合がOECD加盟国のなかで1位、研究開発投資総額で4位にランクされている。一方、同年の成果部門をみると、論文評価や引用数、起業活動評価では下位圏にある。

つまり、早期にエリートを選抜・養成し、最高レベルの投資を行ってはいるが、その成果はいまのところ芳しくないのだ。

基礎研究の軽視、研究者の活用システムや不十分な起業支援策といった問題から、教授と研究員との権威的な序列関係や、成果が不確実な研究の回避など、構造的な問題が絡んでいると思われる。もっとも深刻なのは、5年スパンで大統領が代わるごとに、重点研究分野がその都度大きく変わることがあり、方向性や計画の持続性に欠ける点である。

韓国では5～10年をかけた長期研究がほとんどない。たとえそういう研究があったとしても、1年単位で課題達成率が100%に達しなければ不利益を受けるため、挑戦的な研究ができない構造になっている（『朝鮮日報』2020年1月5日）という指摘もある。韓国の政策推進にスピード感がある理由の一つは、大統領の任期が1期5年で再選できないため、任期中の業績づくりを急ぐためでもある。だが拙速な成果を求めていては、人材もなかなか育たない。

2　親の欲望と教育虐待

スーパーエリート校——言行不一致と全廃

科学高校のほかにも、外国語のエキスパートを育成するという目的で設置した外国語高校、エリート養成を目的に企業の創業者が私財を投じた自律型私立高校などの特殊高校がある。これらの学校には、独自の入試による選抜が許可されている。

自律型私立高校は、政府からの補助金が支給されないかわりに、独自の教育カリキュラムや学生選抜が許可された学校である。パステル乳業（当時）の創業者が設立した「民族史観高校」やハナ金融グループが設立した「ハナ高校」があり、教育課程の多様化を通じて人的資源の国際競争力を高めるという名目で、2010年以降の李明博政権期に一気に増えた。

1996年に設立された民族史観高校は、国語と歴史以外はすべて英語で授業が行われ、毎年米国の名門大学に数十人の合格者を出すスーパーエリート校である。

外国語高校や自律型私立高校に所属する生徒は、高校生全体の0.1％に満たないにもかかわらず、韓国トップのソウル大学校合格者の約4割を独占している。外国語高校から医学部や理系学部に進学する生徒も多く、外国語のエリート養成という本来の趣旨と乖離《かいり》したスーパー進学校と化している。

わが子をこれらのエリート校へ入学させたいと夢見る親は多いが、合格するには家庭の文化資本や経済力がものをいい、ソウル大学校に合格するよりも難関だといわれている。99・9％の人びとにとって、望んでも手が届かない別世界の学校でもある。

こうした特殊なエリート校が高校の序列化を形成していると批判し「すべて廃校にすべきだ」と強く主張してきたのが、前法相の曺国ソウル大学校教授やソウル市教育監（教育庁のトップ）の曺喜昖《チョヒヨン》らである。声を高めてそう叫んできた彼らも、自分の子どもを外国語高校に進学させていたことがのちに明らかになった。人びとを苛立たせたのは、社会正義や公平を叫びながらも、他人の子と自分の子は違うという、偽善的な言動不一致だった。教育機会の格差を問題視しながらも、格差の実態を追認しているのである。

韓国には「小川から竜が生まれる」ということわざがある。貧しい家庭から名門大学に進学するという意味で使われることが多い。曺国前法相が自著やSNSで繰り返し説いた有名な台詞がある。「皆がみな小川の竜になる必要はない。ミミズでもカエルでもメダカでも幸せに暮らすことができるのが、よい小川だ」というものだ。

どの人も尊重される社会を理想とする名言のようにも聞こえるが、優れた才と環境に恵まれた少数のエリートが平凡な人びとを治めるという、儒教的な序列社会を肯定する発想である。

進歩派のエリートは、社会正義を叫びながら、その一方で自らの文化資本と経済資本をフル活用し、わが子が上位中間層から滑り落ちることがないよう血眼《ちまなこ》になってきた。娘や息子の名門大学への不正入学疑惑で起訴された曺国前法相夫婦がその典型例である。

高校標準化で高校入試をなくしたにもかかわらず、一方で外国語専門人材の養成教育や科学や芸術分野のエリート教育を行う特殊高校が設置され、開校数は年々増加した。さらに、民間企業による自律型私立高校の設置が次々に認可された。エリートに上り詰めた親たちが、子どもを自分たちと同じ地位や階層につなぎ留めるため、特殊な教育機関を欲してきたことがその背景にある。

フランスの社会学者ピエール・ブルデューは、親から子への地位の再生産過程を「文化的再生産」と呼んだ。文化的再生産に必死なエリートの親たちの欲望の渦のなかで、サバイバルできる子もいれば、圧し潰される子もいる。

文在寅政権は2019年に、高校の序列化を解消するとして、外国語高校や自律型私立高校の認定を取り消し、25年から一般高校に転換すると発表した。学校側や一部の保護者から強い反発が起きているが、順調に進めばこれらのエリート校は全廃されることになる。

「教育虐待」の現実

「教育虐待」とは、親が過度な期待を子どもに抱き、思い通りの結果が出ない場合に子どもを攻撃する、という意味で使われる。子どもの受忍限度を超えて勉強させるのも教育虐待である。

親本人は子どもの将来を思い必死なだけに、わが子を虐待しているという意識は低い。殴る蹴るといった身体的虐待より、暴言を吐くといった心理的虐待の方が多いとされる。

この話を韓国の子育て中の親と話すと、「何でこんなに勉強しなきゃいけないの」と子どもが涙目で訊いてくるが「自分も子どもの頃からそうやってきた。だからいまがある」と、自分に重ね合わせて当然視する人が多い。

「のびのびさせてやりたいが、わが子が競争社会で落伍者になる姿は見たくない」や「自分はひたすら勉強で思春期なんてなかった。周りがみんなそうだからしかたがない」と諦念する親もいる。「現状の教育システムから逃れるには、海外移住か移民しかない」と実際に脱出を試みる親もいる。

韓国人の海外移民のピークは1980～90年代で、それ以降はむしろ減少傾向にあるが、2000年代以降の海外移民は、「子どもの教育のため」が一貫してもっとも大きな理由として挙げられている。

韓国人男性と結婚した日本女性のなかには、わが子を韓国の過酷な教育環境で育てたくないと、中学や高校の段階で日本に子どもを連れて帰国する人もいる。

ある日本人の母親は、「周囲のオンマ（母親の意味）たちからは、逃げられるところがあって羨ましい、と口々に言われた」と笑う。また「韓国の入試はすさまじい情報戦だから、そもそも外国人の私は同じ土俵に立てない。早々と退場して大正解」とうなずいた。

教育は、階層上昇または維持のためにもっとも重要な手段でもある。それだけにすべての面で優先され、家族関係に負の影響があろうとも子どものために耐える、という価値観が内面化されている。

銀行から借金をして子どもを海外留学させる、月給の半分以上を子どもの塾代に支出するなど、過度な教育投資をするのは、まさにこのような信念による。

挫折体験の機会が少ない教育システム

1980年代から90年代にかけて、地方からソウルの高校に進学させるため母子で上京し、父親は仕送りするという離散家族は珍しくなかった。2000年代以降は、早期留学させるために妻子を海外に送り出す父親や、実家に子どもを預け、都心で共働きをして子どもの教育費を稼ぐ週末家族が続出した。

ここでは、家族離散による子どもへの負の影響は顧みられていない。教育費をかけることが子どもの幸せにつながると信じて疑わない学歴信仰が、家族のありようまでも規定しているのだ。

教育費に糸目をつけない富裕層の多くは、子どもを中学や高校から海外の有名私立校に留学させる。早い子は13歳から親元を離れることになる。

ある富裕層の家庭の話である。英国の名門ボーディングスクール（全寮制の寄宿学校）に通い、現地で大学入学後に一時帰国した娘は、母親が救急車で搬送され緊急入院したと連絡がきても、クラブで朝まで踊り明かした。その後も一度も見舞いに行かなかった。周囲から親不孝を詰《なじ》られた娘は「13歳から外国に送り出され、ひとりで耐えてきた。具合が悪いときもつらいときも、そばに母親はいなかった。育児放棄した親への情なんてない」と言い放った。

こうした韓国の教育システムと比べると、日本の場合、小学校から大学の各段階で、入学試験という選別システムがある。だが、韓国にはこれがない。

日本では高校受験の段階で、子どもの学力について親はある程度見極めがつくことが少なくない。これに対し韓国では、一部の例外を除き一般的には大学受験しか選別試験がなく、親子ともに挫折経験を経ていない。そのため親は子どもに過剰な期待を抱き、天井知らずの教育投資をしがちだ。子どもたちへの「努力すればできる」という期待ボルテージも上がり続ける。

子どもの数が少なくなったことで、祖父母世代からの期待圧力も強まる一方だ。現代の韓国では、受験に重要なのは「母親の情報力と父親の無関心、祖父母の経済力」といわれている。

子どもの教育達成度は、教育費の額だけで決まるものではない。母親がどれだけ受験に有益な情報を収集し、学校外の学習環境を整えられるかといった教育支援の質によって左右される。

ＳＫＹキャッスル――母親たちの欲望と狂気

この現実を如実に描いたのが、２０１８年最大の話題作となったテレビドラマ「ＳＫＹキャッスル」だった。ソウル郊外の超高級レジデンス「ＳＫＹキャッスル」を舞台に、わが子の合格のために手段を選ばぬ母親たちの欲望と狂気を描いたドラマだ。

ドラマのタイトルのSKYとは、韓国の名門大、ソウル大学校、高麗《コリョ》大学校、延世《ヨンセ》大学校の頭文字を取ったものである。富裕層の歪んだ教育観を浮き彫りにするとともに、受験を突破するために採られる手法に、明白な階級差があることを露呈させたドラマでもある。

ドラマの主人公である40代の裕福な専業主婦ソジンの人生の目標は、娘をソウル大学校の医学部に合格させること。あるメガバンクは毎年VIPの顧客に、大学合格を請け負う入試コーディネーターの斡旋をしている。ソジンはソウル大医学部専門の辣腕《らつわん》入試コーディネーターを選び、彼女からは成功報酬として数億ウォンを求められる。

費用を用立てたのは姑。彼女の宿願は孫娘を医学部に合格させ、夫、息子、孫と三代続けて医者の家系にすることであった。ソジンは姑にひざまずき、自分のすべてをかけて娘を医学部に合格させることを誓う。

入試コーディネーターは、ソジンの娘の内申書の成績を上げるために、学校の教員を買収し試験問題を前もって入手、予想問題と称して娘を特訓し、学年トップの成績を収めさせる。

これは2018年に実際に起きた事件に基づくエピソードである。ある女子高で教務部長を務めていた父親が、同じ高校に通う双子の娘に、試験問題と解答を持ち出し事前に教えていたことが発覚した。逮捕された父親は実刑判決を受け、双子は学校を自主退学した。

その後の教育省の調査では、全国の高校の23・7%で、親子が教員と生徒として同じ学校に在籍中であることが判明しており、この事件は氷山の一角ではないかといわれている。

TV ドラマ「SKY キャッスル」　子どもの大学合格のために手段を選ばぬ母親たちの欲望と狂気を描いた．韓国の学歴競争社会の現実を活写し，2018年最大の話題作に　http://tv.jtbc.joins.com/skycastle

ドラマでは、同じ入試コーディネーターが、過去にソウル大医学部に合格させた２人の男子生徒のエピソードが登場する。ひとりは合格後、人生の意味が消失したとコーディネーターに相談するが、医学部生でなくなればお前に何が残るのか、と突き放され、自殺する。

もうひとりは、合格後、「あなたたちの息子として生きた歳月は地獄だった。合格して子どもとしての義務は果たしたから、今後は親子の縁を切りたい」と言い、医学部進学を拒否して行方をくらます。

医者の父親は息子の成績が悪いと猟銃で脅し、母親は息子をヒステリックに罵倒し続けていた。教育虐待を受けた息子が生きる支えとしたのは、合格通知を手にして歓喜と幸福に浸る両親を、どん底に突き落とすことだった。ショックのあまり母親は猟銃自殺する。

入試コーディネーターは、「私が頼まれたのは合格させることだけ。あとは知ったことか。すべての問題は親の欲望にある。壮絶な親の欲望が、子どもを圧殺しているのだ」とせせら笑う。教育虐待が引き起こした衝撃的な末路だが、これもほぼ実話だという。

ドラマの脚本家ユ・ヒョンミは「根本的に、子どものストレスのすべての原因は親である。親の欲望がどれだけ非情で非道なものか振り返り、このドラマが行き過ぎた教育熱を冷ます役割を担ってくれればと思う」と語っている。

子どもの願望とのミスマッチ

韓国では出生率の低下に歯止めがかからずにいる。若い世代が出産を忌避する心理的要因に、生育過程で経験した教育虐待が潜んでいる可能性も否定できない。

韓国の子どもは、学校の成績や経済水準よりも、両親との良好な関係に幸せを見出しているという調査結果がある。2019年版『東亜年鑑』によれば、父親や母親との関係が良好な子どもは8割が生活に満足していたが、そうでない場合は生活の満足度が5割以下だった。「幸福の条件として、親との間の密接でよい関係を子どもは欲している」という分析が付されていた。

子どもはいつか巣立つ。子どもが親を欲してくれる時間は、親が思うよりもずっと短い。保健福祉省の報告書「2018年児童実態調査」によると、韓国の子どもは物質的には満たされているが、社会関係（余暇、友人・家族との時間など）の欠乏感が大きかった。韓国の子どもが両親と一緒に過ごす時間は一日わずか48分で、調査対象となったＯＥＣＤ加盟国の35ヵ国中、最下位だった。ちなみに、ＯＥＣＤ加盟国の平均時間は一日１５０分だった。

子どもがどんなに親を求めていても、韓国の親が子どもと過ごしている時間は、先進諸国平均の３分の１にも満たないのである。

子育ては、やり直しがきかない。韓国の高齢者に人生で後悔していることは何か訊いた調査では、子どもとのコミュニケーションが少なかったことを挙げる人が多かった（ＫＤＢ大宇証券「２０１４シニア老後準備実態調査報告書」）。

3　英語先進国への渇望、高等教育の国際化

外部英語試験との葛藤

韓国の家庭では、英語教育に途方もない額を投資している。対策しなければならない英語の資格試験があまりに多いからだ。内閣府の調査（２０１９年）では、日韓や欧米など7ヵ国のうち、海外留学を希望する若者が最も多かったのは韓国（65・7％）だった（日本は32・3％）。

米国に子どもを海外留学させるのに必要な試験は、大学進学適正試験（ＳＡＴ）である。

韓国ではこのSATの問題流出が頻発しており、2007年には韓国の受験生約900人の成績がすべて取り消された流出事件が起きている。2013年にも問題が事前に流出したことが明るみになり、韓国ではSAT受験そのものが中止となった。国単位で試験が中止となったのは初めてのことで、SAT受験が必要な留学志望者は国外で受験せざるを得なくなった。

米国留学の需要が大きいだけに、韓国にはSAT対策専門の予備校が、ゆうに100校を超える。米南部バージニア州のフェアファックス（Fairfax）は全米で有数の教育熱の高い地域であるが、この地域に韓国系移民者が集住しコリアンタウンを形成している。夏休みに入ると、フェアファックスに住む韓国系の子どもはソウルへ移動する。米国で学ぶより、ソウルにあるSAT対策専門予備校に通う方が効果的だからである。

受講料は1ヵ月の短期集中コースで1000万ウォン（約87万円）前後と、かなりの高額である。講義は英語で行われるため、日本人向けのSAT対策パッケージツアーというのもある。

海外留学に必要とされる英語テストであるTOEFLに関しても、状況は同じである。まだ小学生のうちからTOEFL対策に取りかかる家庭も珍しくない。韓国と日本では、英語の勉強に費やす時間と金額、そして親の情熱の差がきわめて大きい。

韓国外務省で外交官として活躍するある女性は、小学校4〜5年生の2年間、米国に早期留学した。帰国後に猛勉強して高校2年時にTOEFL満点を叩き出し、高麗大学校に語学特技者選考で合格した。「TOEFL満点ですか」と驚く筆者に、彼女は「そんな人たくさんいますよ。全然珍しくないです」と笑った。

海外留学を希望しない人でも、英語の資格試験からは逃れられない。とりわけ「TOEIC共和国」と呼ばれるほどTOEIC受験者は多い。企業の入社試験でTOEICの点数が重視されると思われているからである。TOEICとは、英語のコミュニケーション能力を測る試験である。選考にあたりTOEICの点数で足切りされるのか、されるなら何点なのか、誰も正確にはわからないにもかかわらず、TOEIC700点以上、あるいはほぼ満点に近くなければ財閥企業の入社試験は突破できないと考えられている。

韓国で2019年のTOEIC受験者の平均点は678点で、受験者数が多い49ヵ国中で17位だった。ちなみに日本は523点で43位と、韓国とは150点以上の得点差が生じている。2001年には韓国も、日本の現状に近い560点台だった。それが10年後の2010年には634点にまで上昇した。

とはいえ、韓国のTOEIC対策はテクニックの習得に終始しており、実際の英語力とは結びついていないとの指摘は多い。暗記や解法のコツさえつかめば高得点が取れる試験であり、会話などの英語力を測るには適していないというのだ。

韓国は内需市場の規模が小さく輸出産業で経済発展してきたといえ、すべての産業で高度な英語力が必要とされるわけではない。それにもかかわらず、多くの企業がＴＯＥＩＣを過剰に重視するのは、単に国際的な企業であるとアピールしたいだけという批判もある。就活生が必要以上にＴＯＥＩＣの点数を上げることに多大な時間と労力を浪費させられているとすれば、その弊害は大きい。

政府主導の新テストの挫折

韓国政府は、ＴＯＥＦＬやＴＯＥＩＣなど海外の英語資格試験に対する依存度の高さを是正するために、これらの試験を代替する新テスト「国家英語能力評価試験（ＮＥＡＴ）」を開発した。２００８年に就任した李明博大統領が英語教育改革を目玉政策として掲げ、その一環として導入を決めた新テストは、「読む、聞く、話す、書く」の４技能を均等に試すというものだった。

文法や読解中心の英語学習から、実用的な英語能力の向上へと劇的な転換をはかるという意気込みのもと、当時の教育科学技術省が、韓国版ＴＯＥＦＬ・ＴＯＥＩＣとなる、英語の新テストの開発に着手した。

新テスト導入自体は、前の盧武鉉政権のアイディアだった。政府は海外留学の増加による外貨流出に頭を痛めており、ＴＯＥＦＬやＴＯＥＩＣなどの受験料として１年で約１０００億ウォンといわれる外貨の流出を防ぐ手立てを模索していた。そこで考え出されたのが、Ｔ

ＯＥＦＬやＴＯＥＩＣの代替となる韓国版英語能力試験（新テスト）の開発だった。進歩派、保守派の政権を問わず、出発点は経済的理由だったのだ。

李明博政権は、新テスト開発に約１０００億ウォンもの国家予算を投入したが、結果として大失敗に終わった。政権が代わり、朴槿恵政権時の２０１４年に、新テストはあっさり廃止されたからだ。投入された予算はすべて無駄になった。

計画が迷走したのは、李明博政権が新テストを大学入試に活用すると考えを表明してからである。大学入試に使うには従来の英語テストから新テストへ移行する期間が短すぎるうえ、新テストの概要がはっきりしないため受験対策が間に合わないと、教育現場や生徒から批判が殺到した。

２０１3年5月に、一般人を対象に新テストによる第一回試験が実施されたが、受験生は５００人余りにすぎなかった。多額の税金を投入して開発した新テストの受験者を増やすには、やはり大学入試に活用するしかないと、李明博政権は考えた。

ところが、大学入試に新テストを使用することになれば、結局のところ得をするのは試験対策を請け負う民間業者ではないか、そうなると新テスト対策の塾や予備校に通えない生徒が不利になり、教育格差がさらに拡大するのではないか、と教育現場やマスメディアからまたもや批判の大合唱となった。

エラー発生の統制を含む試験システムの開発費用もまた、予算を大幅にオーバーした。新テストを入社試験に採択する意向を示した企業がほとんどなかったことも、新テストが頓挫した理由だ。

一番の問題は、新テストの開発自体、時間をかけてじっくり検討しながら作成しなければならないきわめて難しい国家事業だったにもかかわらず、李明博大統領が自分の在任期間中に結果を出すよう急かし、開発を短期間で進めるよう指示したことだった。

大学入試に4技能を測る新テストを導入すること自体、無理があったという指摘もある。実際に新テストの開発に関わったチョ・ジャリョン全国英語教師会事務総長は、2014年12月放送のCBSラジオで、当時のドタバタぶりを次のように振り返っている。

「新テストを大学入試に活用しようとしたことに、そもそも無理があった。記述式テストを客観的に測定できるよう、採点者の訓練を徹底的に行わなければならないが、同じ基準で同じように採点するのは、まず不可能である。採点者間のバラツキを防ぎようのない採点方式は、1点差で合否が決まるような大学入試には適さない。新テスト開発の趣旨自体はよいものだった。拙速に進めるのではなく、長期的な視点に立ってじっくりと進めていたら、韓国の英語教育の転換点となるよいプロジェクトになったであろう」

『ソウル経済新聞』は2013年5月13日付の社説で、新テストについてこう論評した。

「新テストは当初から教育現場の現実を無視した拙速な政策だった。書くため、話すための英語教育のインフラの改善がなされていない状況で、4技能を測る新テストを大学入試に活用するという発想自体が机上の空論だった。教育省はいまからでも誤った英語教育政策の失敗を認めて、原点に立ち戻り全面的な再検討をしなければならない」

民間英語試験の活用をめぐり2019年の日本で起きたことと似た混乱が、すでに6年も前に韓国で起きていた。

英語講義の現実

韓国政府は2000年以降、大々的な留学生誘致策に取り組んでいるが、その一環として大学に、英語による授業の開講、拡充を求めた。大学への大型財政支援事業「Brain Korea21（BK21）」の審査項目に、英語による講義比率が新たな評価基準として加えられるや、各大学は、補助金獲得のため競うように英語による講義の拡大に乗り出した。

日本の大学でも英語での講義拡大は急務とされている。2000年代に韓国の大学で盛んに進められた英語化は、現在どのような状況にあるのだろうか。

2019年時点で、全体の講義数のうち英語で行われる講義の割合は、ソウル大学校はわずか10％にすぎない。海外留学生の比率が高い高麗大学校と延世大学校は、それぞれ38％、32％と比較的高い。ソウル所在の13校の4年制大学の平均では、英語の講義比率は約20％と低調で、しかも10年前に比べて減少している。

ハン・ギョンヒとホ・ジュンネン延世大学校教授らが、同大の工科学部の学部生と大学院生1143人、教員87人を対象に2010年に実施した調査から、英語の講義が減少傾向にある理由が垣間みえる。

学生は、英語の講義を理解するために韓国語で受ける講義よりも2・6倍の学習時間を投じているものの、講義への満足度は10点満点で7点にとどまる。教える側も、英語の講義の準備に韓国語の講義の2倍の労力と時間をかけているが、十分な講義ができたと考える程度は低い。英語で授業を進めることが「講義内容の理解を妨げている」という意見は8割を超えた(「グローバル工学人材養成のための英語講義の役割と課題報告書」)。

韓国では大学教授の8~9割が、海外で学位を取得した留学帰りで、英語で博士論文を執筆した教員が大部分を占める。それでも英語での講義では、同じ内容を韓国語で話した場合の7割程度しか伝えられず、深みのある講義ができないという。

概念的な話や高度で専門的な内容になるほど、英語でかみ砕いて説明することが難しく、韓国語で聞いてもわからない内容をネイティブでない教員から英語で聞くのだから、理解度は低下する。そのため、シラバスでは英語での講義となっている場合でも、先に英語で説明してから、同じ内容を韓国語で繰り返すことが少なくないという。

留学生の多様化と英語圏の学生を誘致するため、多くの大学が英語による講義を増やした。しかし、現実的には韓国の大学に在学する留学生の9割は近隣のアジア諸国からきており、うち7割は中国とベトナムからの留学生である。

英語運用能力の低いアジア圏からの留学生は、英語での講義をむしろ避ける傾向にある。英語が得意ではないため留学先に韓国を選択した学生も少なくなく、とりわけ中国人留学生にその傾向が強いといわれる。

そのため、英語の講義が増えるほど、韓国語も英語も中途半端にしかできない留学生が学業不振に陥るというジレンマが生じている。

IGC――英語教育都市の造成

韓国人学生の英語力伸長は、国を挙げての至上命令とされてきた。もう一つの課題であった「留学収支」の赤字問題はなかなか解消されなかった。海外留学に行く韓国人は多いが、韓国に留学に来る外国人が少ないため外貨の流出がより大きく、慢性的な赤字状態にあるという意味である。

韓国人学生の海外留学にともなう外貨流出に歯止めをかけるため、その代替策として考案されたのが、仁川《インチョン》経済自由区域に造成した「仁川グローバルキャンパス（IGC：Incheon Global Campus）」構想である。

北東アジアを代表する教育ハブを構築することを目標に、2006年から仁川の松島国際都市に総事業費1兆700億ウォンを投じて巨大なキャンパスを造り始め、ここに海外の一流大学の分校を10校誘致した。完成時のキャンパス全体の学生数は1万2000人規模を見込んでいた。

実際に、2012年からニューヨーク州立大学、ジョージメイソン州立大学、ユタ大学、ニューヨーク州立ファッション工科大学（いずれも米国）、ゲント大学（ベルギー）の5大学の海外分校が順次、仁川経済自由区域に入居した。施設は市が無償で提供した。仁川グローバルキャンパスで、海外の有名大学の講義を受けられ、学位も取得ができるとの触れ込みで、国内の学生のみならず、近隣諸国からも留学生が殺到すると、政府や大学関係者は大きな期待を寄せていた。

ところが、開校から10年近く過ぎたが、キャンパスにいる学生はまばらで、定員を満たすどころか5大学合わせても学生数は1000人に達していない。すでに国内の大学は供給過剰となっている一方、18歳人口は減少している。年間授業料は2000万ウォン（約174万円）と高額であり、海外からの留学生の誘致も不調だった。

キャンパスの運営費は、学生からの授業料収入がメインとなる。安定的な経営に必要な学生数が確保できなければ採算がとれず、いつ撤退してもおかしくないのが現状である。海外への留学需要を国内で吸収しようという目論見《もくろみ》だった仁川グローバルキャンパス構想は、たとえ有名大学の分校を設置しても海外留学の代替とはならないことが明確になった事例である。

同じような失敗を繰り返すことになりそうなのが、「済州《チェジュ》国際英語教育都市」計画である。

韓国で一時流行った小学生の海外早期留学にともなう外貨流出、留学帰りの子どもの国内への不適応問題、留学による家族離散といった問題解決のために、仁川グローバルキャンパスの造成が始まった同年の２００６年から、一大国家プロジェクトとして済州島で進められた。

当初の目的は、小中高生の早期留学の需要を国内で吸収し、その代替策として国際的な教育インフラを国内に整備することであった。「世界１％のグローバルリーダーを育てるアジア最高の英語教育都市」をキャッチコピーとし、国内でも海外留学と同等の環境で学べるというのが謳い文句だった。

次第に、済州島をアジアの国際教育のハブとし、アジアで英語教育の主導権を握る「教育大国」になるという壮大な計画へと膨らんでいった。都市建設だけで、総事業費２兆ウォンが投入された。

海外の名だたるボーディングスクール（全寮制の寄宿学校）に、国を挙げて精力的な誘致活動を行った結果、欧米の名門私立校の海外分校３つが建設された。第一弾として２０１１年に開校したのは、幼稚園から高校まで16年間の一貫教育を行うノース・ロンドン・カレッジエイトスクール（ＮＬＣＳ）の海外キャンパスである。ＮＬＣＳは、１８５０年創立の英国の超名門ボーディングスクールである。

その後、カナダのブランクサム・ホール・アジア（ＢＨＡ）、米国のセントジョンズベリー・アカデミー（ＳＪＡ）と続いた。現在は、韓国国際学校（ＫＩＳ）と合わせて４つの学校が運営されている。

教員は現地校から派遣され、運営方式も現地と同一である。スケートリンクやオリンピック規格のプールを併設しているほか、乗馬やゴルフなど済州の地の利を生かした多様な課外プログラムも充実している。

済州国際教育都市が造成されると、海外への早期留学を考えていた富裕層を中心に、済州島移住ブームが起きた。島内の邸宅やマンションに母子で移り住み、父親は週末にゴルフがてら家族に会いに来る生活は、憧憬の的となった。有名女優や、人工知能（AI）「アルファ碁」と対戦した世界トップクラスの囲碁棋士らが次々と、子どもの通学のために済州島にマンションを購入したことがニュースになった。

政府の大誤算

しかし、第二弾として海外の有名大学の海外分校がオープンするはずだった計画は現在、暗礁に乗り上げている。ボーディングスクールも4校にとどまっている。

済州国際教育都市は、当初、10校のボーディングスクールと海外有名大学の分校、英語教育センター、住居や商業施設を完備した人口2万人規模の国際都市を造りあげるという構想だった。このエリアの公用語は英語で、アジアに冠たる英語教育都市として大きな脚光を集めるだろうと、大いに期待されていた。

ところが、4校のボーディングスクールに在学する生徒は、2018年時点で計3850人と定員の6～8割しか満たせずにいる。

当初期待していたほど生徒が集まらなかったのは、少子化の急激な進行や留学需要の減少を過小評価していたこと、年間3000万～4000万ウォンという高額な学費を投資して「国内留学」させるインセンティブが思ったほど高くなかったことなどだ。

慢性的な定員割れが続いているうえ、各学校とも本校へのロイヤリティに相当額が流れ、経営的に赤字が累積しているという。

欧米のボーディングスクールに行くよりも距離的に近く、授業料など経費も安く済むため、日本や中国などの近隣諸国から留学生が殺到すると見込んでいたが、ふたをあけてみれば、こちらも需要はなかった。現在は、どの学校も韓国人生徒が9割を占め、残りは中国人生徒が1割程度で、多様性を欠く状況だ。

済州国際英語教育都市の外貨節減効果は年1000億ウォンで、累積外貨削減額は5747億ウォンに上ると政府は発表している（『済州新報』2019年9月26日）。だが、投資に見合うほどの成果は上げられていない。現時点で、追加でボーディングスクールや海外大学分校が建設される可能性はきわめて低い。

こうした壮大な目標と現実とのギャップは、なぜ生じたのだろうか。

韓国の政策は構想から決定、推進までのスパンが短く、きわめてスピーディーに事業が推進される傾向がある。短期間に成果を求めるあまり、事前に綿密に検討し慎重に実行に移していくというよりは、進めながら調整していき、最終的な完成度を高めていくスタイルである。

二つの計画はともに、海外留学需要を国内に吸収し外貨流出を食い止めることが本来の趣旨であり、留学収支の赤字を縮小することが政策の主目的だった。それが「東アジアを代表する国際教育ハブ」造成という壮大な構想に拡大するようになったことで、需要と供給のバランス、採算性の検証、近隣諸国からの留学生誘致の可能性などについて客観的に分析できないまま、計画ありきで突っ走ることになった。

国際化を急ぐあまり冷静さを欠き、当初の期待を大きく下回る結果となったといえる。

産業界との蜜月

1990年代後半から2000年代にかけて、韓国政府の最大関心事のひとつは、韓国の存在感を世界に示すことであった。そのために、まず手を付けたのが高等教育分野の国際競争力の強化である。

2000年に「第一次国家人的資源開発基本計画」を策定し、韓国政府は高等教育の国際化に邁進《まいしん》し始めた。2006年に打ち出した「第二次国家人的資源開発基本計画」では、世界水準の研究大学を10校以上育成することを目標に掲げた。

英国の教育専門誌「THE（Times Higher Education）」が2019年に発表した「THE世界大学ランキング2020」によれば、世界のトップ200に、ソウル大学校を始め韓国の大学が6校ランクインした。日本は、東京大学（36位）と京都大学（65位）の2校にとどまった。

トップ200に入った大学は、韓国以外のアジア圏では中国7校、香港5校、シンガポール2校、台湾1校だった。日本は韓国だけでなく、中国や香港にも押され気味である。

毎年公表される「THE世界大学ランキング」は、世界中の学生が海外留学先の大学を選ぶ指針として定評がある。「教育力」「研究力」「研究の影響力」「国際性」「産業界からの収入」の5分野に基づいて評価する。日本は教育力と研究力、産業界からの収入の項目は高い評価を得ているが、留学生留学者数や外国籍の教職員の割合、国際共同・連携プログラムの実施といった国際性の評価指標が相対的に低いことで順位を下げている。

一方、トップ200校にランクインした韓国の大学は、産業界からの収入という項目の評価がきわめて高かった。韓国では研究者と民間企業との間で共同研究が盛んで、大規模な提携や協業が進んでいるためである。

また、国際性評価のスコアも日本を上回っている。韓国の大学教員の大半は海外で博士号を取得しており、国際的な学会への参加も積極的で、国外の大学や研究者とつながりを持つ者が多いことが強みとなっている。

成均館大学校とサムスン財団

「THE世界大学ランキング」の2017年版の111位から順位を上げ、18年版で82位とトップ100入りした成均館大学校は、THEの「アジア大学ランキング」で10位に選ばれた。しかも、成均館大学校は国際性、産業界からの収入、論文引用数など研究の影響力の3項目で、韓国のトップ校でアジアでは9位のソウル大学校を上回った。

成均館大学校が躍進した要因は、国際評価機関が重視する項目を意識した改革を次々に進めてきたことにある。留学生に対し「バディ」となる韓国人学生を一対一で付けるなど、成均館大学校は留学生のケアに手厚いことで知られる。留学生数は国内トップ級で、国際性の評価は高い。

産業界からの収入の項目に関しては、1996年からサムスン財団が成均館大学校の運営に参加していることもあり、資金投入が継続的になされているのが強みだ。

韓国では企業との提携により、産学密着型で即戦力となる人材養成を行う学科の設置や運営が盛んである。成均館大学校の半導体システム工学科は、こうした企業との提携で設置した学科のモデルケースとして知られている。学生の授業料はサムスンが負担し、卒業後に希望者はほぼ全員、サムスン電子に就職することができる。

成均館大学校は、産業界のニーズの高い学科の設置にも余念がない。新しい産業として有望視されているバイオ医療の分野で、２０１５年にグローバルバイオ医療工学学科を新設した。産学・官学協力分野での相互協力にも積極的で、国内外のスタートアップ企業の誘致にも熱心である。こうした取り組みが、産業界からの収入の項目で高い評価につながっている。

　このほか、研究の影響力の項目で重視される論文引用数の評価を上げるため、海外で最先端分野の研究に携わった留学帰りの若手研究者や、国際共同研究や企業との産学連携に長けた研究者を戦略的に誘致してきた。そのため産学・官学連携で大きな投資を呼び込み、彼らが研究をしやすい環境を整備している。

　海外から優れた外国人研究者を招致しようとする大学は多いが、韓国に馴染めずに短期間で帰国する者も少なくない。研究の持続性を担保する定着率の観点からも、成均館大学校は優秀な「韓国人」研究者の発掘に力を入れてきた点が、他大学と一線を画している。

　こうした世界ランキング上位を狙う韓国の大学を資金的にも支えているのが、財閥企業の存在である。成均館大学校以外にも、財閥が運営に関わっている大学は、浦項《ポハン》工科大学校（鉄鋼大手ＰＯＳＣＯ）、蔚山大学校（現代重工業）、中央大学校（斗山《ドゥサン》グループ）、仁荷《イナ》大学校（韓進グループ）などがある。

　韓国では留学生の受け入れが急速に進み、短期間で留学生数が膨《ふくら》んだ。多くの大学で大学教員の給与は年功制から、研究業績評価に基づく年俸制へと変わった。業績評価の基準は、世界的に定評のあるジャーナルへの論文の掲載や被引用数、国際共同・連携プログラムの実施などである。これらは「THE世界大学ランキング」の評価でも重視されている項目である。

このように、韓国の大学はランキングのどの評価項目をどう引き上げれば高い評価につながるのかを分析し、それに沿った戦略を練り、スピード感を持って大胆に実行している。そうした改革に成功した大学が国際ランキングで上位を占めるようになったといえる。

留学生誘致戦略

2019年8月、一組の親子が韓国仁川国際空港に降り立った。米国人の母親と18歳の息子が空港から向かったのは、仁川松島国際都市にある延世大学校国際キャンパスだった。秋入学に合わせてキャンパスにやってきた2人を見かけた学生は、悲鳴のような歓声を上げた。母親が世界的大スターのアンジェリーナ・ジョリーだったからである。

彼女が溺愛する長男マドックスは、カンボジアから迎えた養子である。マドックスは、米国の複数の大学からの合格通知を手にしていたが、彼が決めた進学先は韓国の大学だった。マドックスは韓国文化とK-popに深い関心があり、以前から韓国語を熱心に勉強していたという。

アンジェリーナ・ジョリーの息子が韓国を留学先として選んだことは、韓国では大きなニュースとなった。2人が延世大学校のキャンパスで学生に囲まれる写真は、新聞各紙を大きく飾った。

日本、韓国、中国の東アジア3ヵ国はいま、熾烈な留学生獲得競争を繰り広げている。韓国への留学生数は2019年に17万人を突破し、過去最高を記録した。日本への留学生は約30万人だが、学生人数に占める留学生の割合は、韓国が日本を上回る。前年と比較した留学生の増加率（2019年）も、日本が4.4％だったのに対し、韓国は12・1％と伸び率がより高い。

韓国で学ぶ留学生を国籍別にみると、2019年末時点で中国が7万1719人（全体の39・8％）と最大で、ベトナムが5万7539人（31・9％）、ウズベキスタン1万499人（5.8％）、モンゴル8739人（4.8％）、日本2887人（1.6％）と続く。2010年は中国が全体の7割を占めていたが、その比率は4割に低下している。いまや世界181ヵ国から留学生が来韓しており、多様化が進んだ。

2000年には3963人にすぎなかった外国人留学生は、わずか20年で45倍に増えた。この間、どのようなことが起きたのだろうか。外国人留学生が急増した背景には何があったのか。

2004年、韓国政府は「Study Korea Project」と銘打った外国人留学生誘致事業を国策として打ち出し、誘致を本格化した。掲げられた目標は、2010年までに海外留学生を5万人に増やすという思い切ったものだった。

留学生増加プロジェクトの背景にあったのは、先述したように海外に留学する韓国人が増え続け、それにともない「留学収支」の不均衡が拡大したことがある。2004年に韓国へ来た外国人留学生は1万6000人だったのに対し、海外へ留学した韓国人数は18万7000人に上り、留学の収支は大幅な赤字となっていた。折しも出生率の低下が顕著になり、18歳人口の減少も始まった。ここで留学の収支悪化を少しでも食い止めなければならないという危機感を持った。

そこで政府は、留学の収支の不均衡是正に向けて、韓国の大学の国際化を促進し国際競争力を高めることで海外から留学生を誘致しようと考えた。高等教育機関への外国人留学生受け入れは、国際社会での韓国のプレステージを向上させるためにも有益であった。韓国に来た留学生を親韓派として育成し、帰国後は韓国のよき理解者になってもらいたい。政府はそうした方針のもと、全国の大学に対し国際化を進めるとともに、外国人留学生に門戸を開き、世界中から学生を受け入れるよう促した。

大学側が留学生誘致に奔走するようになった要因は、大学を評価する際に、学内の国際化がどの程度進んでいるかが重視されるようになったことである。大手メディアなどによる大学評価にも、新たに国際化項目が加えられた。この項目は、主に留学生の割合などが評価点となる。政府の財政支援事業や奨学金事業などの決定に際しても、国際化項目は重要な選定基準となった。

また、若年人口の減少を受け、世界各地から留学生を集める必要に迫られた大学も増加した。

なぜ韓国に？

日本30万人、韓国20万人、中国50万人。各国が外国人留学生の受け入れ目標として掲げている人数である。東アジアの3ヵ国は、留学生を奪い合うライバルでありながら、互いに留学生を受け入れ、派遣する間柄でもある。

2018年時点で、日中韓の学生の国際移動の実態は、次のように大きかった。

日本→韓国　3977人／日本→中国　1万4230人　合計1万8207人
韓国→日本　1万7012人／韓国→中国　5万6000人　合計6万7612人
中国→日本　11万4950人／中国→韓国　7万1067人　合計18万6017人

韓国や中国と比べて、東アジア地域への留学による日本人学生の移動は小規模なことがわかる。

人口規模の違いはあるものの、韓国と中国の間では、両国合わせて年間約12万人を超える学生が留学のために移動している。かつて韓国人学生の海外留学先は米国一辺倒だったが、

2010年代から中国への留学が増えた。2016年と17年には韓国人学生の留学先は、米国を抜いて中国が1位となっている。

中国に関しては、日本への移動が圧倒的多数を占めていた時代は終わり、東アジアに向かう中国人留学生は、日本または韓国へと留学先を分散するようになった。

こうした日中韓の若者の相互流入の活発化は、2020年からの新型コロナウイルス感染拡大により、大きなジレンマに陥ることになる。日韓ともに中国からの留学生頼みの大学が増加している状況で、中国から来る大量の留学生の処遇に、頭を悩ませることになったからだ。

2020年に韓国では大学の卒業式や入学式、新入生オリエンテーションなどはすべて中止され、中国人留学生の大学への登校や新規留学生の入国も制限された。一方の韓国でも急速に感染者が増え、2020年2月末に中韓両政府は、互いに留学生の出入国を自粛した。国内の学生の海外留学の取りやめが続出し、学生の往来にストップがかかった。そもそも韓国への留学生を、2014年の8万4000人から19年には16万人と5年で倍増させる追い風となったのは、韓国最大のソフトパワーともいうべき「韓流コンテンツ」の広がりだった。中国、台湾、日本から、東南アジアへと広がった韓流は、海外留学先として韓国を選択するプッシュ要因として大きく作用した。

韓国では芸能人にも高い学歴が求められ、K-popアイドルや俳優、タレントの大半は、大学や大学院に進学する。各大学には著名なスターが通学しており、留学先の大学選びでスターと同じキャンパスに通いたいというファン心理が作用することもある。海外での韓国留学フェアでは、大学の広報活動として在学中や卒業生の韓流スターの存在を有効活用している。

韓国への留学生は、ベトナムを始めとする東南アジアが急伸している。ベトナムに進出する韓国企業は約６０００社といわれ、現地での存在感は大きい。ベトナム以外でも東南アジアへの韓国企業の進出が活発だ。

韓流により韓国への関心度が上がり、親近感を持つ層が厚みを増した。自国企業よりも給与の高い現地の韓国企業に就職したがる若者も多い。現地に進出した韓国企業側の韓国語や韓国文化に精通した現地社員へのニーズも高い。これらのことが東南アジアの若者の留学先を韓国にシフトさせるプッシュ要因となっている。

韓国政府は留学生誘致拡大計画で、韓流ファンが多い地域を誘致ターゲット国と定め、留学フェアや高校への韓国語教員の派遣、韓国語集中講座の提供などを推進している。

また、非アジア圏留学生を増やすため、東南アジアに続き中南米やアフリカにもターゲットを広げている。ブラジル、メキシコ、コロンビアではＫ－ｐｏｐスター「ＢＴＳ」の人気が広がり、韓流への関心が高まっている。政府は南米やアフリカの学生を５週間の短期研修生として招待する事業を展開するなど、新たな留学生の開拓を積極的に進めてきた。

ただ、新型コロナウイルスの感染拡大で、海外留学をめぐる状況は一変した。留学生数の拡大を追う戦略は、見直しが避けられない。

政府の今後の目標は、国内大学の内なる国際化を超えて、グローバル大学として海外に進出させることである。海外に大学キャンパスの一部移転を可能にするよう法改正を進めている。海外キャンパスを設置する場合は、新学科の設置や学生の定員増加に制限を加えないというインセンティブを付け、国内大学の海外進出を促進していくという。

韓流が浸透した東南アジア地域を中心に高等教育を輸出することで、韓国の存在感をより高めるという大きなビジョンを描いているのである。

コロナ禍で湧き起こった9月入学

新型コロナウイルス感染拡大で学校の始業が延期されるなか、教育システム全体を9月入学に移行し、すべての学年を半年後ろ倒しにする「9月入学案」が韓国でも急浮上した。2020年3月に慶南道知事や京畿道の教育監らがSNSを通じて提言し、一気に広がった。

韓国では9月入学について、これまでも何度も議論されてきた。小学校1年生の入学を半年早めて現行の3月から前年の9月に早め、12年かけて9月始業制に移行するという構想だ。グローバル化を政策の重要な柱として掲げた金泳三政権、海外からの留学生の増加や教育の国際化を重要課題として位置づけた盧武鉉政権や朴槿恵政権下でも検討された。

だが、制度変更や費用コストが膨大なことから、いずれも断念された。3月始業のままでも、米国の大学に在籍する留学生の国別ランキングで韓国は4位であり、海外への留学にさほど支障が出ていないこともあった。

日本の統治下の朝鮮では日本と同様の4月入学であった。植民地支配からの解放後、米軍による統治下で一時的に9月入学に変更されたものの、その後、再び4月入学に戻された。

現行の3月入学が導入されたのは1961年である。植民地時代を想起させる4月入学を改めるという名分もあったが、最も大きな変更理由は12月から2月までの厳冬期間の暖房費削減にあった。1960年代前半の韓国は国内総生産（GDP）が北朝鮮を下回るほどの貧しい国だった。3月始業の韓国では、通常12月下旬から2月上旬まで冬休みで、学期が終わる2月下旬以降は春休みとなるため、2月の登校日は少ない。

今回、9月入学をめぐり、大統領府の国民請願掲示板には早期導入を求める請願がいくつか寄せられたが、賛同者は数千人程度にとどまった。教育カリキュラムの急な変更やそれにともなうコストを懸念する教育界からは、性急に進めることで大混乱を引き起こすのは避けるべきだという声が上がった。教員団体総連合会は、コロナ禍の不安に乗じて政治的手段として問題化すべきでないと声明を出した。

9月入学提唱者が掲げた制度変更の利点のなかで、大きな反発があったのは、9月入学で海外留学がしやすくなる、夏休みが長くなれば多様な体験学習や外国語教育プログラムが受けられるようになる、という主張に対してだった。

こうした利点は、経済力のある一部の階層だけが恩恵を受けるにすぎない。また、夏休みの長期化は教育格差をさらに誘発する、そのために、莫大なコストをかけドラスティックな学校制度を変更することは容認しがたい、といった声が続出した。本来の趣旨であった「学習機会の保障」論議から離れて、9月入学は「教育機会の格差拡大」論に発展していく。

結局、文在寅大統領は4月23日、コロナ禍の打開策と関連づけて9月入学を現在検討するのは望ましくないと否定的な立場を示し、論争にブレーキをかけた。

新規感染者数が減少したことを受け、休校から80日ぶりとなる5月20日、高校3年生から登校が再開された。小中高の各学年も、オンラインから教室での対面授業に段階的に戻りつつある。

4 過度の競争社会――大企業か、海外移民か

20代の拡張失業率は20％以上

社会的格差の是正は、韓国の歴代政権に課せられた重い課題である。有効な手立てがなかなか打てず、格差拡大に歯止めがかけられずにいるのが実情だ。

韓国でもっとも貧困状態にあるのは、20代の若者と高齢者である。20～29歳の失業率は、ここ数年9％台が続く。これは１９９７年のアジア通貨危機後の７％台を上回る高水準である。

韓国の大学進学率は世界最高ランクで、若い世代は高学歴者ばかりという国になったが、彼らが求める雇用創出が高学歴化のスピードに追いつくことはなかった。就職を諦めた人やアルバイトをしながら就職活動する人を含む20代の「拡張失業率」は、約23％に達するといわれる。４～５人にひとりが事実上の失業状態にあることになる。

２０１７年5月に発足した文在寅政権は、雇用を中心に経済を推進する「イルチャリ（雇用）政権」を目指すと宣言した。就任初日に真っ先にしたことは「働き口委員会」の設置であった。文在寅大統領は、就任した翌月の国会施政演説で、ひとりの若者のエピソードに言及し、若者の雇用政策がいかに重要か熱弁をふるった。

大統領が言及した若者は、高校を卒業した後、大学に行く代わりに半導体製造会社で働いた。ほどなくして会社を辞めた後は長い間、失業状態にあった。夜明けに自宅を出た若者は両親にショートメッセージを送った後、漢江《ハンガン》に身を投げ、橋の下で死体となって発見された。ショートメッセージには「もし生まれ変わったら、勉強を頑張ります。ごめんなさい」と書かれていたという。この若者の死を無駄にしたくない、雇用政策をすべてに最優先させるという大統領の決意と意気込みに嘘はなかったであろう。

文在寅政権以前の政府も、若者の失業問題に手をこまねいていたわけではない。２０１３年改正の「青年雇用促進特別法」は、各公共機関および地方公企業の定員の３％以上は34歳以下の未就業者の若者を毎年、採用するように義務づけた。さらに２０１８年には５％以上に引き上げた。

若者雇用に腐心する政府

２０１３年に発足した朴槿恵政権は、若年層の雇用促進策として「賃金ピーク制」を導入した。２０１６年に実施された60歳定年制で人件費負担が増えた企業が、若者の新規採用を手控えるのを牽制するために、一定年齢以降は給与額に上限を設ける制度だった。

ただ、専門家や労組は、賃金ピーク制は50代の労働者の賃金を削る効果しかなく、若年層の雇用にはつながらないと反発し、労働時間を削減する方がはるかに若年層の雇用につながると強調した。

政府は、賃金ピーク制導入で削減した人件費を、新規の若者雇用にあてるよう企業に促した。だが、効果は出ていない。賃金ピーク制を導入した企業は２０１９年末時点で54・８％にとどまる。大半の企業で50代以降はリストラや早期退職対象者となり、公企業や公共機関を除けば定年まで働ける労働者はほぼいない。

韓国統計庁の「高齢者統計（２０１９年）」によれば、定年まで働き退職した割合は、7.1％

にすぎない。50代の労働者が少ないのだから、賃金ピーク制はそもそも実態に合っていなかったのだ。

若年者雇用を看板政策として掲げた文在寅政権も、画期的な対策は打ち出せずにいる。これまで進められてきた政策はどれも、多額の税金を投入した雇用創出策である。

２０１８年には「青年追加雇用奨励金」制度を導入した。これは、15～34歳を正規職として新規採用した中小企業に対し、最大３年間、１人当たり年９００万ウォンを支給する制度である。

成長の可能性が高い15業種の中小企業については、若者３人を正社員として新規採用すれば、ひとり分の賃金として最大で年２０００万ウォンを支給する。外国人労働者を雇用している中小企業が、代わりに韓国の若者を雇用した場合にも奨励金を支給する。

各種の雇用奨励金により、低賃金で若者を雇用でき企業側のメリットが大きいことから、採用者の数自体は増えた。中小企業に就職した若者には５年間、所得税を全額免除するなど、各種の所得補塡策を行っており、早期離職を抑える努力もしている。いずれも、大企業と中小企業の賃金格差を埋めることで、若者の就職先を大企業から中小企業に誘導する狙いがある。

政府がこうした対応策をとるのは、若者が中小企業を忌避する根本的原因が賃金格差によるものとみているからだ。根拠はある。韓国経営者総協会が２０１８年に公表したデータによれば、29歳未満の大卒者の初任給は、従業員10〜99人規模の企業を100とした場合、従業員500人以上の大企業は152・1で、初任給の段階から企業規模による給与格差が大きい。正社員の平均年収では、大企業が6487万ウォンに対し、中小企業は3771万ウォンと、6割にも満たない。

また、韓国労働研究院の2019年の調査によれば、従業員数300人以下の企業の「正社員」よりも、300人以上の企業の非正規労働者の方が賃金水準は高い。

ただ、問題の本質は賃金格差だけではない。

移民に等しい海外就職奨励策

韓国政府は、企業の海外進出により国内で良質な新規雇用を確保するには限界があるとみて、海外就労をバックアップしている。

雇用労働省などは、海外就職支援として「K-Move」政策を推進中だ。海外企業を招いた就職面接会の開催、就職情報サイトの運営、各国版の海外就労の手引き書の発行、就労ビザを取得して海外企業に正式に就労した若者への定着金の支給といった事業が含まれる。

事業の柱は「K-Moveスクール（海外就労研修プログラム）」である。四年制大学や専門大学を対象に、「海外就業プログラム」を競争的資金事業として毎年公募している。大学側は、現地のニーズに合わせた海外就業プログラムを立案し応募する。

基本プログラムは、IT、外食調理、貿易物流、生産管理、営業など、海外で就職できそうな業種の職業訓練と、現地語教育のセットである。斡旋会社と連携しながら受講生を現地で就職させる。

就職先の主要な対象国は米国、日本、オーストラリア、東南アジア、中東である。就職先として扱う国は、大学によって異なる。たとえば、米国をターゲットにする三育《サムユク》大学校は、電子商取引、インターネットビジネス、IT教育などの職務教育と英語学習、ビジネス習慣、現地事情など、合計660時間の研修を経て現地企業に就職させる。

マレーシアをターゲットにする啓明《ケミョン》文化大学校は、IT教育と語学研修を通じて現地のグローバルIT企業や旅行会社などに就職を斡旋する。東亜《トンア》大学校のように、日本、ベトナム、欧州と、年々対象国・地域を拡大して、送り出す大学もある。

専門大学が展開するK-Moveスクール事業で多いのは、現地で就労ビザが取りやすい調理師免許などを取得させ、オーストラリアやシンガポールに就職させるコースである。

K-Moveスクール運営校には、受講生の就職数に応じて成功報酬が支給される。各大学は、何とか就職率を上げようと必死になる。そのため、なかには受講生の希望や適性に合わない職種や、給与や労働条件が良好でない企業が就業先となることがあり、早期離職といった問題が起きている。

現地で働いて生活することは海外移民と変わらない。移民1世は言葉の問題もあり、高度な専門技術がない限り、移住後は社会階層が低下することが多い。米国移民に行った1世がよい例である。

一方、日本は距離的、文化的、言語的に近いうえ、現地社員と同等の待遇で採用され、水平的な階層移動が可能だとして、就職希望者は後を絶たない。

韓国人の留学先は米国を抜いて中国がトップに躍り出ているが、中国では外国人の新卒採用はなく、2年以上の関連業務経験が求められる。また、2017年のビザ改正で外国人の就労ビザ取得は難しくなった。

そうしたことから、文在寅政権は、とりわけ日本への就職を奨励すると大々的に喧伝してきた。政府高官が来日し、たびたび日本政府に協力と支援を訴えている。それにもかかわらず、2019年に日韓関係が悪化すると、国内の就職博覧会などで日本企業を対象から除外した。この措置に対しては愚策であると、国内から強い批判の声が上がった。

移民の奨励、「ヘル朝鮮」批判

「大韓民国の若者がごっそりいなくなるほど、中東に進出してみたらどうか。あれ、韓国若者はどこに消えてしまったのか。みんな中東に行きましたよ、と言えるくらいに」

2015年3月の貿易投資振興会での朴槿恵大統領の発言である。韓国政府は、かつて炭鉱夫や看護師が不足した旧西ドイツや建設ブームに沸く中東へ、自国の労働者を積極的に送り出していた。外貨獲得と失業対策のためだった。朴正熙大統領の頃の話だ。

その娘である朴槿恵大統領が若者の失業対策として目をつけたのが、かつてのように中東に若者を送り込み、若者の就職問題を解決するというアイディアだった。中東諸国は労働力を外国人に頼っており「働き口が豊富だ」として、建築分野の中東進出を積極的に支援する「多言語建設業者養成プログラム」が組まれた。

朴槿恵大統領の発言に対し「いまは1970年代ではない、国内で雇用を生み出すべきだ」と猛反発したのが、当時野党だった「共に民主党」であった。ところが政権交代で「共に民主党」を与党とする文在寅政権が誕生した後、韓国で職を得られない若者を海外に送り出そうという機運はさらに高まった。

韓国の若者の優秀さをアピールし、海外での就職につなげることが、外交部（韓国外務省）の新たなミッションとして課された。主要各国の在外公館には、現地に設置された「K-Moveセンター」と協力し、就職先となりそうな企業を発掘することが求められている。

ほかにも大韓貿易投資振興公社（KOTRA）は、海外の韓国系企業に対し、1社1人採用運動を展開している。

韓国の20代は、いま自分たちが置かれている境遇を「ヘル朝鮮」と自嘲《じちょう》する。ヘル朝鮮とは、韓国社会の不条理なさまを地獄のようだと喩《たと》えた造語である。大韓民国ではなく、なぜ朝鮮なのか。身分が固定した朝鮮時代のように、現代韓国は階層上昇機会が閉ざされた不条理な階級社会であると強調するためである。本人が選ぶことができない出身家庭や出身地域といった、生まれによって人生が決まることへの怨嗟《えんさ》が投影されている。

この造語がよく使われるようになったのは2015年以降で、ネット上に「ヘル朝鮮」というコミュニティサイトが開設されるや、就職難、失業、差別、貧困、政府の政策に対する批判などが次々に書き込まれた。進学から就職問題まで、日々直面している韓国社会の現実がつらくて地獄のようだと訴える書き込みが相次いだ。

「ハッピー朝鮮」の反論と猛反発

こうした声は、文在寅政権に十分届いているのだろうか。

そんななか、2019年1月、大統領府の金顕哲《キムヒョンチョル》経済補佐官の発言が物議を醸した。

「就職できないだのヘル朝鮮だの言っていないで、ASEANに働きに行ったらどうか。あっちからみれば『ハッピー朝鮮』だ」

彼の発言は、若者から猛反発を受けた。

先述した朴槿恵前大統領の「中東に働きに行け」発言と同じ発想であり、就職難は若者のマインドに問題があるかのような口ぶりだったからである。

政権エリートたちは、自らの成功体験から「努力すれば何とかなる」「もっと努力しろ」「頑張れば報われる」と若者を叱咤し、就職難は構造的な問題であるにもかかわらず、自己責任だといわんばかりに「努力不足だ」と切り捨てる。

生まれつきの不平等を実感している韓国の若者たちは、努力至上主義の精神論を振りかざされるたびに「ならば、公正な競争をさせろ。機会は平等であり、過程は公正であり、結果は正義に見合う社会にしてみせると、文大統領は宣言したではないか」と怒りを露《あら》わにする。

国内での雇用拡大は依然として不振で、政策の重心は海外での雇用確保に移りつつある。有力市民運動団体「参与連帯」幹部のキム・ソンジンは、「人は誰でも自分が落ち着くところで働きたいものだ。若者だって自分が生まれた土地で暮らし、韓国語で会話し、働き、恋をして、夕食後の散歩を楽しみたいだろう。海外進出といえば聞こえはよいが、その国では『外国人労働者』だ。若者たちが不幸せで、悩まされていて、再生産活動まであきらめるようでは、大韓民国の未来はない」と批判する。

勉強熱心で高い語学力やスキルを身につけた韓国の若者は、世界を舞台にグローバルに活躍できるチャンスがあるという点で、日本の若者より選択肢が多いと指摘する向きもある。ただし、それは本人が積極的にそう望み、突出して優秀な人材であれば、の話である。

米国など海外の有名大学で学位を取得する若者は多く海外志向も強いが、現地で職に就こうとしても、労働ビザが取得できずに帰国を余儀なくされている人もまた多い。やむをえず帰国しても、留学経験者の層が厚すぎて、なかなか就職が決まらない。国内の大学を卒業した学生は、海外で職を探せと追い込まれている。これが現状である。

かつてないほど高学歴となった韓国の若者を、中小企業で働くよう誘導する政策を続けるのか、海外に送り出す政策により力を入れるのか。

これから韓国は未曽有の少子高齢化が進む。若者が国内で生活できずに海外流出が続けば、人口構造はさらに歪《いびつ》なものになることだけは確実である。

処遇格差と職業威信

若者の就職をめぐる政府のアプローチが行き詰まっているのは、韓国社会が抱える構造的な問題に変化がみられないことが根本的な原因である。

長期の失業状態に陥っても若者が中小企業ではなく大企業への就職にこだわる理由は二つある。一つは、企業規模により処遇水準に大きな格差があるためである。そして、もう一つは、職業威信の序列が韓国社会に広く内在化されていることである。職業威信とは、職業への主観的な格付けを示す用語だが、社会での地位のあり方の尺度の一つとなる。

社会学者の有田伸は、こうした高い職業的社会的威信の獲得意欲は、自らの「階層的地位の高さ」を他者にアピールするという動機に基づくものであると指摘する。より地位の高い職に就くことで、より有利な人脈も得られる。他者の視点を意識した階層的な地位獲得競争では、ホワイトカラー職でない職種は選択肢にならない。儒教の影響から技術職を下に見る価値観も根強い。

小学生に大人気の「キッザニア」という職業体験型テーマパークがある。キッザニアはメキシコ発祥の施設で、世界19ヵ国で展開している。韓国と日本のキッザニアでは体験できる「お仕事」に、顕著な違いがみられる。

韓国のキッザニアにはあるが日本にはないものは、国家代表選手、難民支援機関スタッフ、外交官、国税庁公務員、考古学者である。逆に、日本にはあって韓国のキッザニアにはないお仕事は、花屋、ソーセージ職人、消防士、ボイラーエンジニア、修理工、自動車整備士、車両整備員、バスガイド、ガソリンスタンド店員、ガードマン、コールセンター、宅配ドライバー、せっけん工場や鉛筆工場の工員など、いわゆるブルーカラーの職業が多い。

日本にあって韓国にないお仕事は、小学生の子どもが楽しんで体験できそうなものばかりだが、韓国の母親は「子どもに就かせたい仕事でないと意味がない」「下手に興味を持たれても困る」「こんな職業体験だったら高い入場料を払ってまで別に行かせたくない」とにべもない。

ＯＥＣＤ（２０１５年）は「韓国の若者の教育水準は最高ランクだが、雇用率が42・３％でＯＥＣＤ加盟国平均の52・６％より低いのは、大企業・公共部門に就職しようとして資格取得に没頭している若者が多いためだ」と指摘する。

韓国では職業威信の序列が明確なうえ、職種の価値を測る尺度に多様性を欠く。親の子どもに対する期待や圧迫度は強い。社会全体がそうした価値観を共有しており、強烈な同調圧力が息苦しい。友人宅に遊びに行けば、その家の親から「お父さんは何をしているのか」と訊かれる。そうしたささいなことでも、親の職業によって値踏みされているような感覚を、子どもの頃から感じて育つ。

社会問題化する「隠遁型ひとりぼっち」

ある大手新聞社の記者から聞いた話である。彼が同僚とソウル市内の行きつけの日本料理店に行った際、店主がわざわざ席に来て、涙ぐみながら「今度、うちの息子がＳＫ（財閥グループ）に入社が決まりました」と叫んだ。それを聞いた店内の客はみな一斉に拍手し、乾杯しながら店主を称賛したという。

親が老後の貯蓄を犠牲にしてまで教育費に投資するほど、子は親の期待や恩に報いなければという儒教的な価値観の圧力に圧し潰されそうにもなる。行きつく先が中小企業では負け組であり、親に顔向けできない。

韓国政府が海外就職を若者の雇用拡大の突破口として考え出したのも、こうした背景があるからだ。海外であれば企業の規模や序列を知る人も少なく、他者視点からある程度自由になれる。無職でいるよりは聞こえもいい。

近年、韓国でもようやく、「隠遁型ひとりぼっち」と称される「ひきこもり」が可視化され、「隠遁型ひとりぼっちの父母の会」が設立されるなど、社会問題として注目されるようになった。

『中央日報』の試算によれば、韓国内にはひきこもり状態の人が約32万人と推定されている。うち7割が20代である（『中央日報』２０２０年2月11日）。

日本では、ひきこもったまま中高年になった子と高齢の親が孤立する「８０５０」問題が深刻化している。韓国では日本のようになる前にと解決策を模索しているが、ノウハウの蓄積がほとんどないため、もっぱら日本の専門家や日本語の解説書を頼りに取り組みを始めているところだ。

専門家は、韓国のひきこもりに若者が多い理由について、親の期待に応えなければという強迫観念が強く、そのストレスでひきこもりになるケースが多いと指摘する。親の期待に沿えずにいるという自責感から現実逃避をするうちにゲーム依存症となり、そのままひきこもりになることも少なくないという。多様な生き方を尊重する社会的雰囲気をつくることが解決の糸口となる、という提言もされている。親の期待に応えたい、そのためにも、よい就職口を得たいという切実な思いが、若者たちを追いつめているといえる。

第5章　韓国女性のいま——男尊女卑は変わるか

1　『82年生まれ、キム・ジヨン』への反響

キム・ジヨンとは誰か

２０１６年、『82年生まれ、キム・ジヨン』という小説が韓国で１００万部を超える大ベストセラーとなった。著者は１９７８年生まれの趙南柱《チョナムジュ》。放送作家を経て、２０１１年に長編小説『耳をすませば』でデビューした。

本作は、１９８２年生まれのひとりの韓国人女性の半生をフィクションで描いた作品だが、そのリアリティから多くの読者を得た。18ヵ国・地域で翻訳出版が進んでおり、２０１８年末に刊行された日本でも15万部を超えるベストセラーになった。

ジヨンという名前は、１９８２年生まれの女の子の名前でもっとも多かったことから付けられた。つまり、この小説の主人公は、特別でない平凡な、どこにでもいる女性という設定

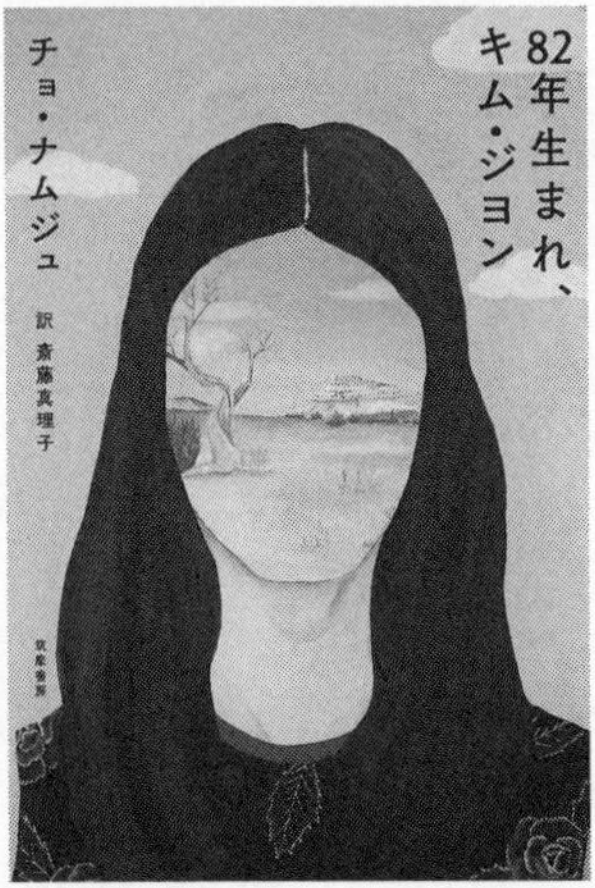

『82年生まれ、キム・ジヨン』韓国オリジナル版（右）と日本版（左）

になっている。

ジヨンが生まれた１９８０年代は、男の子が生まれた病室は歓声と誕生を祝う親族であふれる一方、女の子が生まれた病室はひと気もなく静まりかえっていた。女の子を産んだ母親が、姑や舅の前で罪人のようにうなだれる時代だった。これは第1章で触れたように、のちに男女の著しい人口差となって社会問題化する。

あらすじを簡単に紹介しよう。１９８２年にジヨンは次女として生まれた瞬間、家族からがっかりされた。娘より息子が大事にされ優先されることを不満に思いながら成長し、大学卒業後は、女性を抑圧する男性優位の社会でさまざまな不平等に直面する。

結婚して妊娠したが、出産退職を余儀なくされる。家庭に入った後は終わりのない家事と育児に追われ、仕事を失った喪失感に打ちのめされる。

ある日、娘を連れて公園のベンチでコーヒーを飲みひと息ついていたところに、彼女を侮《あなど》る男性の声が聞こえてくる。

「ママ虫（害虫）はいいご身分だよなぁ」。ママ虫とは育児中の母親を見下し侮辱するスラングだ。このエピソードは、作者の実体験でもある。保育の無償化で子どもを保育所に預ける主婦が増えたが、それに対し育児もろくにせずに遊んでいると攻撃する表現でもある。

ジヨンは徐々に精神的に壊れていく。異常行動がみられるようになったジヨンは抗鬱剤を服用し、週に2回、精神科を受診しカウンセリングを受けるようになる。

こうしたジヨンの逸話は、精神科の担当医が書いたカウンセリングの記録という体裁で語られていく。担当医の妻は医者だったが、ジヨンと同じように育児のために仕事を辞めている。そうした妻をみてきただけに「自分は韓国社会で生きる女性の困難についてよくわかっている」と担当医は自負する。

小説の最後はこう終わる。ある日、精神科病院の女性スタッフがトラブル続きの妊娠で辞職することになった。やれやれと思いながら、担当医は心のなかでこうつぶやく。

「育児の問題を抱えたスタッフはいろいろと難しい。後任は未婚の女性を探さなければ」

結局、女性差別は変わらないのだ、という悲壮感が漂う結末は救いがない。

「やっぱり子どもは産みたくない」

その後、韓国では小説を原作とした同名の映画が製作され、2019年10月下旬に公開された。小説と映画版の最大の違いは、話の結末である。映画版はハッピーエンドとまではいかないまでも、社会とのつながりを取り戻したジヨンの嬉しそうな笑顔で終わる。

ジヨンの成長過程では、男子が優遇され、女の子というだけで差別され傷つけられる場面が幾度となく登場する。

女であることの困難や差別、不平等のエピソードが丹念に描かれているだけに、「私も同じ経験があった」「まるで自分の話のようだ」とうなずいた読者が多かったのだろう。同書は、韓国や日本だけでなく、台湾、中国でもベストセラーとなった。

韓国の若い女性はこの本を読んでどう感じたのか。少子化により家庭内で息子が優遇されることはなくなりつつあるが、構造的な差別自体は変わらないため、ジヨンの苦悩への共感度は高い。共通するのは、小説を読んでも映画を観ても「やっぱり子どもは産みたくないという気持ちにさせられた」という感想だ。

『女性朝鮮』が30代の専業主婦を対象に行った調査（2019年）によれば、調査対象者の9割以上が、小説のなかでキム・ジヨンが吐露した苦しみや怒りに同感したと答えていた。興味深いのは、彼女たちの大半がもっとも胸に突き刺さった台詞として、次の場面を指摘していたことだ。

ジョンが育児のために職場を辞めることになったとき、夫はジョンに「俺も手伝うからさ」と声をかけた。その一言にジョンは逆上し、こう叫ぶ。

「その手伝うから、という言い方、やめてくれない。家事も手伝う、子育ても手伝う、私が働くのも手伝うからって、いったい何なのよ。家事や育児にしても、あなただって当事者でしょう。子どもだって、あなたの子でしょう。まるで他人事のように、なんで人に施してやるみたいな言い方するのよ」

これのどこがいけないのか、と憤慨する人もいるかもしれない。ただ、この「手伝う」という言葉は、日本でも女性誌で特集が組まれるほど「夫から言われてイラッとする台詞」の代表格に挙げられている。

家事や育児分担の格差が妻たちを苛立たせているのだ。

一方、韓国男性の多くは、この小説に不快感を示す。小説の映画化が発表されたとき、キム・ジョン役の女優のSNSには、非難と罵倒のコメントが殺到した。韓国大統領府のサイト上に設置されている電子署名である「国民請願掲示板」には「映画製作を中止してほしい」という請願が殺到したほどだ。

若い男性たちの拒否反応

なぜ多くの韓国男性が『82年生まれ、キム・ジョン』に不快感を示すのか。とりわけ若い男性たちの拒否反応は、過剰なほどだ。

彼らにその理由を訊くと、「女性を差別したのは上の世代。自分たちがなぜ責められなければならないのか」（20歳、大学生）や「中高年世代の女性ならともかく、いまの女性たちに何の差別があるのか。むしろ男性より優遇されている。軍隊も行かなくて済むのだから。差別されているのは男性の方だ」（28歳、会社員）などと反発する。

小説でジヨンの夫は、帰宅時間は毎晩12時頃で、週末も土日のどちらかは出社する。この部分を指摘しながら「早く家に帰りたくても帰れない、休日も休めない。女性だけがたいへんな思いをしているのか。男だって大変だ」（34歳、記者）と憤る声もある。

小説のパロディー『79年生まれ、チョン・デヒョン』が、匿名の投稿サイト「ソウル大学竹林」に書き込まれ、話題を呼んだ。チョン・デヒョンとはジヨンの夫の名前であり、「男性版キム・ジヨン」として男として生きる重荷や逆差別を描いたものだ。

話のあらすじはこうだ。チョン・デヒョンは、結婚の際、男だからという理由で新婦側の5倍の結婚費用を用立て、片働きで妻子を養った。退職後、この間家庭を疎《おろそ》かにしてきたと妻から離婚を切り出され、退職金は慰謝料に消えた。長時間労働で酷使した身体はすでにがんに蝕《むしば》まれており、離婚して3ヵ月後にこの世を去った。

『82年生まれ、キム・ジヨン』は、男性と女性間の対立や断絶を浮き彫りにする小説である。ただ、同じ女性だからといって、すべての女性がこの小説に共感したわけではない。年齢や階層、個人の経験により、見方や感じ方はさまざまだ。

50〜60代女性の思い

女性の結婚後の境遇は、階層や世代によりずいぶん異なる。ジョンは典型的な中産階層といえる。ソウル市内の24坪の高層マンションに住み、中堅会社に勤める正規職の夫がいて、もっと生活費が必要だとは考えているが、経済的な困難に直面しているわけではない。

累積した女性差別や不平等への怒りが根底にあったものの、ジョンが鬱になり異常行動を見せるようになった引き金は、出産退職である。育児のために退職しても生活には困らないジョンの苦しみは、いわば中産層の悩みである。低所得層が直面している厳しい現実とは相いれない生活のなかでの話ともいえる。

ジョンにどこまで共感できるかは、世代によっても異なる。50〜60代の女性は同年代のジョンの母親が置かれてきた境遇はよくわかるし、ジョンが成長過程で直面した差別や悔しい気持ちも理解できる。ただ、結婚後のジョンの苦悩には感情移入できないと言う。その理由を集約するとこうなる。

「安定した職場に勤め、権威的でもなく妻に寄り添い理解しようとする優しい夫がいて、嫁姑問題も深刻でない。婚家は地方で離れており、その婚家ですら盆暮れに行くだけ。仕送りをしてくれとか、兄弟の生活費を出せとか、婚家との間でありがちな経済的問題にも悩まされてもいない。子どもはたったひとり。何がそんなに問題なのか」

現在55～64歳の韓国女性のうち、大卒者は14%にすぎない。その娘世代である25～34歳の女性は75%が大学を卒業した高学歴者である。

50～60代の女性は、大学で学ぶことも、社会進出する機会も閉ざされており、結婚して誰かの妻になり、家庭の主婦として生きるしか選択肢がなかった。ひとりで3～4人の子どもを育てあげ、権威的な姑に仕え、家族のために自分を犠牲にして生き抜いてきた世代である。

それゆえ、出産退職を余儀なくされることへの憤りや、育児の孤独感、社会から切り離されたような孤立感や焦りといったジヨンの苦悩が、なかなか汲《く》み取れない。

しかし、キム・ジヨンが直面するさまざまな問題は、根本的には女であることに起因している。性別や階層や世代が違えども問題にすべきは性差別の不条理であり、置かれている条件の比較は本質的な問題ではない。優れた小説や映画には、立場の異なる人びとの心を束ねる力がある。

次々に発議される「キム・ジヨン法」

２０１９年10月に公開された映画版『82年生まれ、キム・ジヨン』は公開から2週間で観客数が２７０万人を超える大ヒット作となった。上映中に、観客のすすり泣く声が響いたのは次の場面だった。

ジョンの異変に茫然とした母親が娘の頬を両手で包み込み、悲痛な声でこうつぶやく。

「あぁ、わが子、金のような玉のような大事な私の娘、どうしてこんなことに」

そして、家族のためにと自分の夢を犠牲にして苦しむ娘を、自分のかつての姿と重ね合わせた母親は固く抱きしめる。

映画のレビューサイトでは、この母娘の場面がもっとも泣けたというコメントが多かった。母親が娘を思う気持ちは、年齢や経験の違いを超えて共感できる幅が広いからだろう。

『82年生まれ、キム・ジヨン』に誰もが等しく共感できるわけではないかもしれないが、性別や階層や世代を超えて「少なくとも自分の娘、妻、孫娘たちには、ジヨンのような思いをさせたくない、次世代への連鎖を断ち切りたい」という気持ちを抱かせる作品であったことは間違いないだろう。

女性が人生で直面する差別や困難には、男性側の意識の問題だけではなく、同じ女性側の意識から起きているものがある。著者が訴えたかったのは、問題の本質は個人個人に帰するものではなく、社会の構造であり慣習にある。受動的なまま諦念するのではなく、声にしてほしい、間違っていると思ったら声を上げていかなければ何も変わらないのだ、ということだ。

「私も同じような経験をした」と深く共感しても、本を閉じて終わるだけではそれ以上先には進めない。黙らないこと、社会や政治、意識を変えていくために、一歩足を前に踏み出し行動することこそが重要なのだ。これこそ、90年代から綿々と受け継がれてきた、韓国のフェミニストの理念でもある。

小説が大ベストセラーになったのち、女性議員たちは次々に、男女差別の是正や出産・育児でキャリアが断絶した女性の再就職を支援する新法や男女雇用平等法改正法を国会に発議した。これらの法案は、通称「82年生まれ、キム・ジョン法」と呼ばれている。

2 新たなフェミニズムの隆盛——21世紀の大きな変化

２００４年に導入されたクオータ制

韓国女性の進出でもっとも遅れているのは、政治分野である。２０２０年時点の女性国会議員は、定数３００人のうち57人と、全体の19％にすぎない。ただ、比率は日本（衆議院議員10・1％）を上回っており、１９９６年の９％から20年で倍増した。

地方議員は定数３７５０人のうち１０６０人が女性議員（28・3％）で、１９９８年の2.3％から12倍に大きく増えた。広域議員（特別市・広域市・道）が19・4％、基礎議会（区・市・郡）議員が10・8％と、広域議員の方が女性比率は高い。

こうした変化の背景にあるのは、２００４年の公職選挙法改正により、国会議員および地方議員選挙で、各政党は比例代表候補者の50％以上を女性にするというクオータ制が義務化されたことである。

さらに、比例名簿の1番から奇数順位に女性を割り当てることが定められている。50%に満たない場合は、政党交付金が減額される。地方選挙では、クオータ制に違反した比例者名簿は、選挙管理委員会が不受理にするという罰則規定がある。

小選挙区では、候補者の30%を女性に割り当てることが求められている。努力義務だが、女性候補者の公認数に応じて、政党補助金が追加で支給されるインセンティブがある。

クオータ制の導入により女性国会議員は大きく増加したが、首長選挙で女性道知事はゼロ。基礎自治体首長の女性は4%にすぎない。

その韓国よりも女性の政治参画が低調な先進国が、日本である。

世界経済フォーラム（WEF）が、世界各国の男女平等の度合いを順位づけし、2019年に発表した「グローバル・ジェンダー・ギャップ指数」によれば、日本は調査対象153ヵ国のうち121位だった。2018年（17年発表）の110位からさらに順位を下げ、過去最低となった。

韓国は108位と日本より上位だった。日本の評価を下げているのは、政治分野への女性進出がきわめて遅れているからである。日本は女性の衆議院議員比率が10・1%、閣僚は5・3%で、政治分野に限れば144位と最低ランクにある。

クオータ制の導入・義務化で積極的な改善策を進めてきた韓国は、政治分野では79位だっ

5-1　ジェンダー・ギャップ指数（2019年）

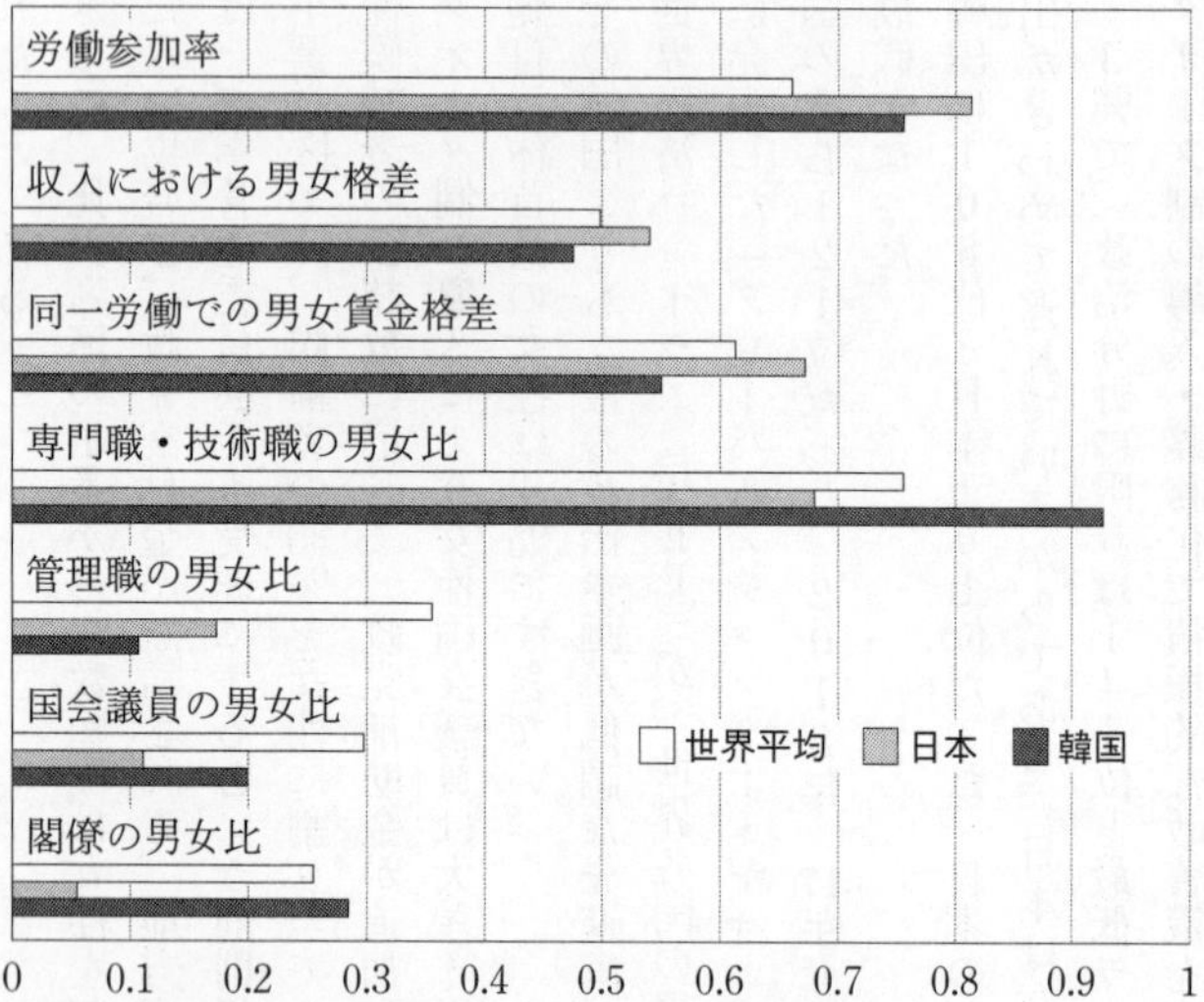

註記：0が不平等，1が平等を示す．世界平均は調査対象の153ヵ国の平均による
出典：WEF, The Global Gender Gap Report 2020,（2019年3月公表）データを基に筆者作成

5-2　日韓女性の年齢別労働力率（2016年）

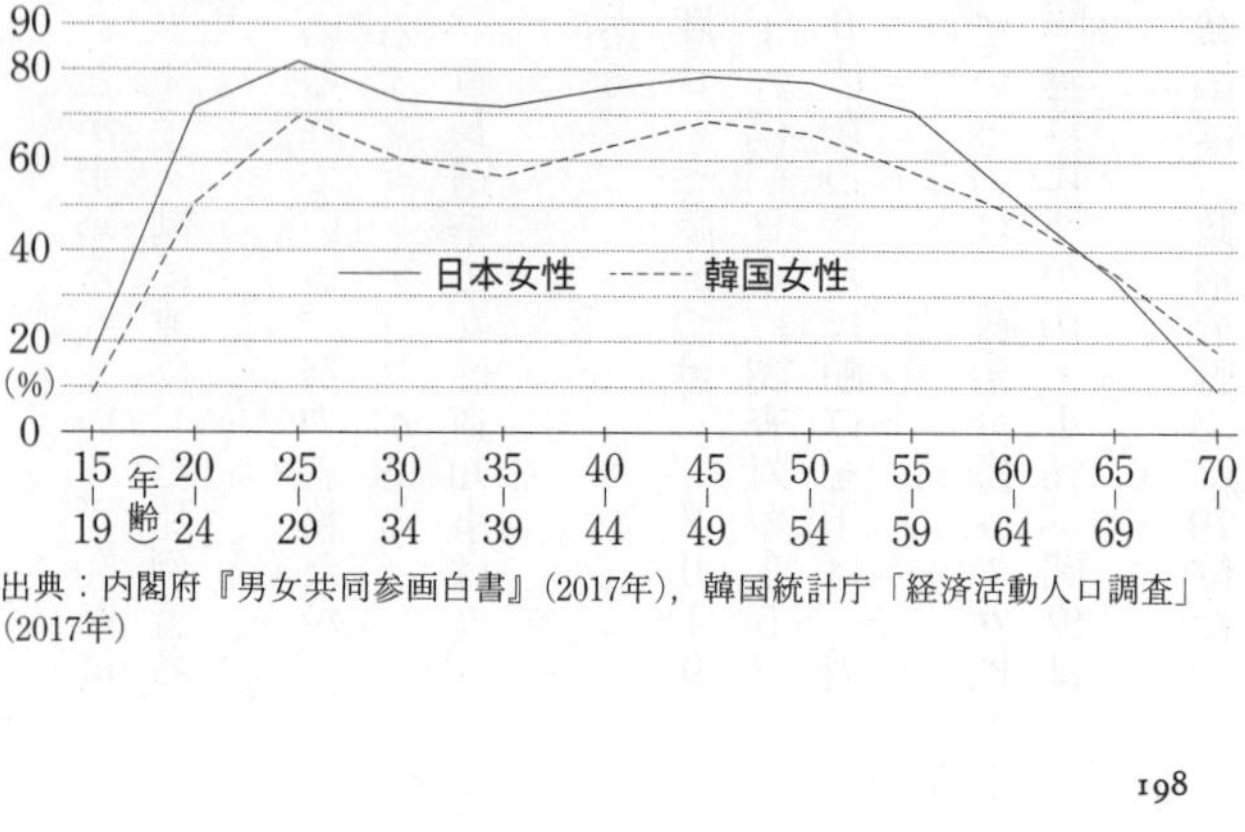

出典：内閣府『男女共同参画白書』(2017年)，韓国統計庁「経済活動人口調査」(2017年)

た。取り組みの成果が数字に明確に表れている。

5-1にみるように、日韓ともに労働参加率は伸びているものの、男女の賃金格差や収入格差は大きいままだ。管理職層に占める女性の割合も極端に低い。

パートタイマーなど非正規職で働く女性は、男性の2倍近い。とりわけ出産育児で労働市場から退出した場合、再び正規職として雇用されるのは2~3割にすぎない。

5-2は、日本女性と韓国女性の労働力率を年齢別にみたものである。日韓の共通点は、グラフにみられる「M字カーブ」である。両国でもっとも落ち込みが激しかった30代~40代前半の就業率が上昇したため、以前よりM字の底は浅くなっている。

とりわけ日本ではM字からほかの先進国と遜色ない台形型に近づいている。

韓国は依然として、10~60代前半まですべての年齢で、日本女性の就業率を下回っている。特に、出産・子育て期の30代後半で、もっとも就業率が下がる。

一方、65歳以上になると、日本女性の就業率を逆転し始める。韓国では5人に1人が70歳以上になっても働き続けている。先述したように、高齢者の貧困率がOECD加盟国のなかでもっとも高いことがその背景にある。

ドラスティックな制度改革後

女性の社会進出、政治参画、賃金・収入格差の是正、管理職への登用。どれもジェンダ

5-3　歴代政権の主な女性関連法および政策（1990～2022年）

金泳三	94年	「性暴力犯罪の処罰および被害者保護等に関する法律」制定
	95年	「男女雇用平等法」改正 「女性発展基本法」制定
	96年	女性公務員採用目標制導入
	97年	「家庭暴力（DV）防止および被害者保護に関する法律」制定 「家庭暴力（DV）犯罪の処罰等に関する特例法」制定 第一次女性政策基本計画策定（1998‐2002） 国籍法の父系血統主義および性差別規定改正
金大中	99年	「男女雇用平等法」改正 「女性企業支援に関する法律」制定 「男女差別禁止および救済に関する法律」制定
	00年	国会議員比例代表30%クオータ制導入
	01年	女性省設置
	02年	「女性科学技術者育成および支援に関する法律」制定 女性公務員管理職任用目標制導入 国公立大学の女性教員採用目標制導入 市道議員比例代表50%・地域区（小選挙区）30%クオータ制導入
盧武鉉	03年	両性平等採用目標制導入、両性平等教育振興院設立
	04年	「性売買防止および被害者保護等に関する法律」制定 「性売買斡旋等の行為の処罰に関する法律」制定 国会議員比例代表50%クオータ制導入
	05年	憲法裁判所、戸主制を規定した民法の一部に対し憲法不合致決定 「民法」改正 「健康家庭基本法」施行
	06年	積極的雇用改善措置制度（アファーマティブ・アクション）導入
	07年	「家族親和社会環境の造成促進に関する法律」制定 「男女雇用平等法」を「男女雇用平等と仕事・家庭両立支援に関する法律」に名称変更

李明博	08年	「経歴断絶女性等の経済活動促進法」制定 「家族関係登録等に関する法律」施行
	11年	「性別影響分析評価法」制定
	12年	「子どもケア支援法」制定
朴槿恵	14年	「養育費履行確保および支援に関する法律」制定 「女性発展基本法」を「両性平等基本法」に全面改正
文在寅	18年	「女性暴力防止基本法」制定
	19年	「男女雇用平等と仕事・家庭両立支援に関する法律」一部改正

ー・ギャップを埋めるための日韓共通の課題である。韓国では国の責務として、性別による採用や昇進差別を解消するアファーマティブ・アクション（Affirmative Action）に積極的に取り組んできた。ジェンダー平等政策を推進する女性省を２００１年に設置していることからも、政治の本気度がうかがえる。

とりわけ女性の採用比率や管理職への登用に、具体的な数値目標を掲げ、その成果を1年ごとに精査する仕組みを整えている。

また、大統領が国民投票によって直接選出されるため、大統領選のたびに女性有権者の歓心を得るような女性優遇策が掲げられる。女性向けの政策は目に見えやすい。50代以下の女性有権者の投票率は男性を上回ることが多く、票にもなる。

支持基盤が脆弱な進歩派が大統領に選出されると、女性有権者の支持をつなぎとめるために、女性政策がさらに進む。

たとえば、金大中政権は、１９９９年に女性企業支援に関する法律、２０００年に比例代表クオータ制をそれぞれ導入し2002年には、女性科学技術者育成および支援に関する法律を制定した。2003年に初の女性法相、06年には同じく初の女性首相も誕生した。2006年からは、女性雇用者や管理職の割合が一定数に満たない企業や公共機関に対し、計画書の提出や改善目標の設置を義務づけた。罰則規定はないが、是正するまで勧告を出す。

この結果、女性管理職の割合は、2006年の導入時から18年にかけて公共機関は3倍、民間企業は2倍に増加した。

公共機関には、女性の採用比率の目標値を5年ごとに策定することが課せられている。たとえば、公務員は2022年までに課長級を20%以上、警察庁は15%以上にすることが目標として掲げられている。

毎年数値目標の達成度を公表させることで自助努力を促しているが、幹部への育成・登用には課題が残されている。

法制定で女性の登用に弾みをつけようと、2020年には公立大学の女性専任教員の比率を25%へ引き上げるよう義務化する法案が国会に上程されている。

なかには、女性優遇策として始めたにもかかわらず、意図せざる結果が生じているアファーマティブ・アクションもある。

2008年から実施している「男女平等採用目標制」は、5級、7級、9級と3種類の公務員採用試験で、一方の性別の合格者が30%を下回らないように調整する制度である。たと

5 - 4　韓国の女性社会進出の現状（各分野で女性が占める割合）

閣僚	国会議員	地方議員	公務員	管理職公務員	判事
22.2%	17.0%	28.3%	50.6%	17.5%	29.7%
検事	弁護士	公共機関管理職	民間機関管理職	医師	歯科医
30.4%	28.5%	17.3%	21.5%	26.0%	27.3%
軍幹部	警察官	警察管理職	政府委員会	小学校校長	中学校校長
6.2%	11.2%	6.2%	40.7%	44.8%	26.9%
高校校長	小学校教員	中学校教員	高校教員	国公立大教員	私大教員
10.9%	77.1%	70.1%	53.5%	16.6%	28.5%

註記：いずれも2018年時点の数値
出典：韓国女性家族省「公共部門の女性代表制向上５カ年計画 2018 - 2022」（2018年），人事革新処「統計年報」（2018年），韓国統計庁「統計で見る女性の生」（2019年），教育統計サービス「幼小中等統計」（2019年），保健福祉省「保健福祉統計年報」（2019年）を基に筆者作成

えば、各級の女性合格者の割合が30％未満の場合、30％を超えるまで女性受験者を追加で合格させる。韓国の公務員の職級は１級から９級まであり、数字が低いほど職級が高い。

ところが、２０１９年の公務員試験全体では、24人の女性に加えて62人の男性が追加で合格通知を受け取った。当初の目的とは異なり、２０１５年からは男性の追加合格が女性を逆転している。制度を導入した２００８年から２０１９年までの間、追加合格者数は女性１４５人に対し、男性２１９人に上る。

公務員試験に優秀な女性志願者が殺到し、「男女平等採用目標制」は、いまや女性よりも男性に恩恵の大きい制度となっているのだ。

日本では医学部入試で男性を優遇したことが発覚し、大きな問題となった。韓国では、初めから男子学生を優遇することを制度化した入試が存在している。１９８３年から、全国に11校ある教育大学は、入学試験の合格者のうち特定の性が60～80％を占めることがないよう、事実上の男性クォータ制度を導入している。全国の小学校では、女性教員が77％（２０１８年）と、圧倒的な割合を占めているためだ。

教育大学の入学者の性比は毎年ほぼ男性3対女性7となっているが、２０１９年の小学校教員任用試験に合格した男性は14・9％にすぎなかった。母数が少ないこともあるが、いまや学校現場では圧倒的多数を女性教員が占めている。

問題なのは、そうした状況にもかかわらず、学校長のジェンダーバランスがきわめて歪なことだ。特に中学校は7割が女性教員であるにもかかわらず、校長の7割は男性である。

日本はどうだろうか。文部科学省によると、女性教員の割合は増え続けているが、２０１８年時点で小学校は62・2％、中学校で43・3％だった。女性の校長は小学校で19・6％、中学校では6・6％にとどまっている。

日本政府は20年までに校長と副校長に占める女性の割合を20％へ引き上げる目標を掲げている。韓国では副校長まで含めれば、女性の割合は２０１８年に42・7％に達している。

日本は政治の分野だけでなく教育分野でも、韓国の後塵を拝している状況にある。

韓国版「#Me Too」

日本ではあまり広がりをみせることがなかった米国発祥の「#Me Too」運動は、女性の人権問題として韓国では大いに盛り上がり、女性によるセクシュアルハラスメントや性暴力の告発が相次いだ。背景には、女性の人権が侵害されるようなことはあってはならず、自分を守るためには声を上げて闘わなければならないという価値観が、2010年代後半以降、急速に浸透したことがある。

韓国で #Me Too 運動の中心にいるのは、1990年代に生まれ2000年代に教育を受けた世代である。「男女平等」の価値観で生まれ育ち、「女性の人権問題は重要だ」「セクシュアルハラスメントはあってはならない」と教えられて育った彼女たちは、フェミニストを名乗ることに抵抗はない。

女性への性暴力の問題が日常のあちこちに潜んでいることに否応なく意識させられる事件が続いている。そのため、「フェミニズムに無関心でいられない」と女性たちは声をそろえる。若いK-popスターらも、SNSを通じてフェミニズムへのシンパシーを表明する。

安熙正《アンヒジョン》という、与党「共に民主党」所属の有力政治家がいた。忠清南道の前知事で、端正なマスクと颯爽《さっそう》とした立ち振る舞い、清廉《せいれん》なイメージで若い世代や女性に人気があった。

2017年の大統領選挙の候補を決める与党の予備選挙に出馬した安熙正は、選挙戦で予想外に健闘し、一躍スターとなった。予備選挙では文在寅に20万票差で敗れたものの「いつか安熙正の時代が来る」といわれ、次の大統領選挙で最有力候補になるであろう人物として名前が挙がるようになった。

ところが、期待されていた安熙正は、あっけなく転落の道を辿る。2018年に元秘書がメディアのインタビューで顔と実名を公表して、「安熙正から数回にわたって性的暴行を受けた」と訴えたからだ。韓国社会に衝撃が走り、それまでの爽やかでクリーンなイメージとのギャップに人びとは驚き、騒然となった。

問題はその後だった。性的暴行を加えた罪などで起訴された安熙正に対し、2018年の一審で無罪判決が下されたのである。判決直後、怒りを爆発させた数百人の女性たちは抗議デモを開き「安熙正が無罪なら、裁判所は有罪だ」と叫んだ。さらに、「安熙正は有罪だ！ #Me Too」と書いた赤いプラカードを持つ6万人の女性が街頭を埋め尽くした。結果として、安熙正への無罪判決は上訴審で覆り、最高裁は安熙正に3年半の実刑判決を宣告した。実刑が確定したことで、安熙正の政治生命は絶たれた。

ほぼ同時期に、地方の検察で勤務していた女性検事が、検察幹部から受けたセクシュアルハラスメントを告発し、メディアで大きく取り上げられた。

スポーツ界でもスピードスケート女子ショートトラックで平昌五輪の金メダリストとなった女性選手が、男性コーチから性暴力を受けていたと告発するなど、社会の各層から #Me Too の声が広がった。

#MeToo運動を拡大する女性が掲げたスローガンは「変化した私たちは、あなたの世界を壊すだろう」だった。こうした#MeToo運動に対し、文在寅大統領は「積極的に支持をする」と表明し、各省庁に女性差別を根絶するための対策を立てるよう指示した。

民主化後のフェミニズム運動

韓国でフェミニズム運動が本格化したのは、1980年代後半に進んだ民主化を達成した後のことである。民主化という大義のもとで「まずは民主化が先。女性の権利主張はその後だ」とばかり女性問題は副次的なものと後回しにされた。

民主化後は堰《せき》を切ったように、女性の権利獲得、差別撤廃運動が高揚した。学生時代の民主化運動の過程で培った運動の組織化や目標達成に向けたノウハウは、フェミニズム運動を推進する動力となった。

とりわけ精力的に取り組んだのが、「すべての暴力から女性の身体と人権を保護する」を合言葉に進められた、性暴力やドメスティック・バイオレンス（以下、DV）問題だった。

1987年に、韓国最大の進歩派女性団体である「韓国女性団体連合（女連）」が発足したのも、1986年に富川《プチョン》市警察署で起きたソウル大の女子学生への取調官による性拷問事件が契機となっている。女連は女性への暴力と人権擁護を社会問題として提起し、被害者となった女子学生の救済に精力的に取り組んだ。女子学生は取調官を告訴し、同事件は19

87年の民主化運動のきっかけにもなった。

当時、彼女たちが拠り所としたのは、米国のフェミニズム運動が連帯のためのスローガンとして用いていた「個人的なことは政治的なことである（Personal is Political）」だった。セクシュアルハラスメントや性暴力は、男女間の個人的な出来事、DVは家庭内の個人的な出来事、ではなく公的な場で問題にすべき政治的なことだと社会に認知させること。そして、性暴力やDVを法的に処罰し、被害者を救済するための関連法を制定することが、当時の女性運動団体の宿願だった。

性暴力やDVに関し電話相談に応じる「女性の電話（現在『韓国女性ホットライン』）」で、相談員として活動していたあるフェミニズム運動家は、「DVはかなり深刻だ。低学歴の貧しい家庭の話だと思われているが、実際には高い教育を受けた大卒の中産層や、専門職に就く知識人層の家庭でも多い。法的な手段が採れるよう、一日も早く法律を制定しなければならない」と力説していた。1991年のことである。

当時の運動家は、問題の深刻さを社会に認知させ性暴力やDV法制定の必要性を訴えるために、精力的に被害者の声を丹念に集めデータ化していた。そして、大量の相談事例や法律研究の蓄積を土台に法案の骨子を作り、立法化を政府に働きかけた。

女性への暴力を「人権問題」として提起することは、1990年代のフェミニズム運動の最大のイシューであった。女性の人権という旗印があったがゆえに、多種多様な女性の連帯が可能となっていた。

その成果として制定されたのが「性暴力犯罪の処罰および被害者保護等に関する法律」（1994年）や、「家庭暴力（DV）防止および被害者保護等に関する法律」「家庭暴力（DV）犯罪の処罰等に関する特例法」（ともに1997年）である（5-3参照）。

一連のDV暴力法は、日本に先駆けて制定された。こうした法制定が日本のフェミニズム運動にもたらしたインパクトは大きかった。「先行した韓国に続け」と、日本でもDV防止法制定への推進を後押しする機運が一気に高まったからだ。

その結果、日本でも「配偶者からの暴力の防止および被害者の保護等に関する法律」が2001年に制定された。

現在、韓国では全国170ヵ所以上に、被害者をサポートする相談窓口として性暴力相談所が置かれている。多くは政府からの資金援助を受けて運営されている。緊急時に駆け込めるシェルターも全国38ヵ所に設置され、シェルターでは証拠の採取や治療、告訴手続きを1ヵ所で済ませることができる。

その後も性暴力関連法は、短期間に幾度も改正を重ねた。これは1990年代からフェミニズム運動が積み上げてきた運動の産物であり、根気強く改正運動が続けられた成果でもある。

2018年12月には「女性暴力防止基本法」が新たに施行された。これまで法的根拠がなく処罰が難しかったストーカーやオンライン上でのセクシュアルハラスメントなどの嫌悪行為を、「女性への暴力被害」と規定するためだった。法的根拠があれば、取り締まりが可能になる。同法に対しては、若い男性を中心に、逆差別ではないかという反発や批判も提起されている。

2000年代に入ると、フェミニズム運動自体は下火になっていた。金大中政権や盧武鉉政権といった進歩派新政権の誕生で、運動目標が次々に達成されるようになったこと、進歩的女性運動団体の幹部が相次いで政界入りし、閣僚や国会議員となり権力者側に回ったこと、そのために女性運動団体が政権寄りになり批判機能が低下したことなどがその要因である。

「私はフェミニスト」ムーブメント

フェミニズム運動は一時期低迷し、活動も停滞した。ところが、2010年代後半になると、若い女性が続々と「私はフェミニスト」と名乗りを上げるようになった。

彼女たちは、前の世代のフェミニズム運動との関係性や連続性はさほどない。新たなムーブメントとしてフェミニズム運動を立ち上げるようになったのだ。SNSの普及が、積極的かつ主体的な運動が展開される触媒となり、ネット上での活動が中心となったことで、フェミニスト運動への参入障壁を下げた。

先述したようにK－popスターらも、SNSでフェミニズム運動に共感したり、メッセージを発信したりするようになった。そのため、一気に、フェミニズムはクールで現代的なイメージで捉えられるようにもなった。書店には大量のフェミニズム本が並び、『私たちにはことばが必要だ―フェミニストは黙らない』『太陽と彼女の花たち』など、いくつかはベストセラーになった。

この急激な変化は何なのか。いったい何が起きたのか。フェミニズム文化評論家のソン・ヒョジンは、フェミニズムが再びムーブメントとなった現象を「フェミニズム・リブート（reboot）」と名付けている。ソンによれば、若い世代を突き動かす契機となったのは、2015年にツイッターを通じて過激派組織「イスラム国」に志願した10代の韓国人少年が、同じツイッター上で「私はフェミニストが嫌いです」と書き込んだことにあると言う。

この書き込みにより「フェミニズム」は検索語ランキング1位に浮上した。反発した女性は、オンライン上でフェミニストであることを宣言する「#私はフェミニストです」とハッシュタグをつける運動を始めた（『韓国フェミニズムと私たち』）。

SNS世代の台頭で、2016年以降、オンラインコミュニティを中心に活動する「ネットフェミ」が、爆発的に広がった。

ミソジニーとの闘い――江南駅殺人事件

一過性のブームで終わらなかったのは、いくつかの凄惨な事件が相次いだからだった。

２０１６年5月に起きたある殺人事件が、フェミニズム運動をオンラインからオフラインへと広がる契機となった。ソウルの繁華街にある雑居ビルの男女共用トイレで、20代の女性が面識のない男にめった刺しにされて死亡した「江南駅殺人事件」である。

逮捕された34歳の犯人が警察の取り調べに対し「殺害した女とは面識がない。トイレに女が入ってくるのを待って刺した。女たちは自分を無視してきた。だから殺した」と犯行動機を供述したとして、一部メディアが「ミソジニー（女性嫌悪）による無差別殺人」と報道した。

女性たちは「女という理由だけで殺されるのが韓国社会だ」と、いきり立った。捜査と裁判では「統合失調症患者の通り魔犯罪」と結論づけられたが、恐怖と怒りに震えた女性たちは、「江南駅殺人事件」をミソジニーの象徴として捉えた。

ちなみに韓国でミソジニーという用語が広く使われるようになったのは、上野千鶴子の『女ぎらい――ニッポンのミソジニー』の韓国語訳が２０１２年に刊行されてからである。

その後も、複数の公衆トイレに盗撮用の隠しカメラが仕掛けられていたこと、ネットのサイトに隠し撮りされた性的な動画や写真がアップロードされていた事件が相次いだ。今度は何万人もの女性が「私の生活はあなたのポルノではない」というスローガンを掲げて街頭に集い、抗議デモを展開した。

筆者の友人の娘は、建築学科を志望し勉強していたが、抗議デモに母親と一緒に参加するうちに、受験先を女性学が専攻できる学科へと突如変更した。ソウル市内の高校の教員によれば、抗議デモに参加した女子学生が、衝動的に進路変更したいと言い出す例が相次いだと言う。

2020年には、「n番部屋事件」と呼ばれる大規模なデジタル性犯罪が発覚し、韓国社会を震撼させた。通信アプリのテレグラム内に設置されたチャットルームで、10〜20代の若い女性らを脅迫して撮らせたわいせつな画像や映像を流布させた性犯罪事件である。逮捕された事件の首謀者は、24歳の青年だった。

デジタル性犯罪を追う2人の女子大生がチャットルームへ潜入調査し、実態を告発した。告発ルポが『ハンギョレ新聞』などで報道されるようになり、捜査機関が動いた。

凄惨な性的搾取の実態が明るみに出ると、大統領府の国民請願サイトには、「n番部屋事件」の厳正な捜査や容疑者と利用者全員の身元公開を求める複数の署名が立ち上がり、瞬く間に500万人の賛同を集めた。

警察庁長官は、デジタル性犯罪特別捜査本部を設置し、捜査に全力を挙げることを表明した。国会には、「n番部屋再発防止法」と称される、性犯罪を厳格に処罰するための関連法改正案が次々に上程された。一部の改正法は、2020年5月に公布されている。

こうした一連の事件は、女性という集合的アイデンティティを強化することにつながり、フェミニズム運動の活性化や持続性に、つながっている。

女性への暴力や性犯罪を身近に感じている韓国女性は、事件や社会的な問題が起きるたびに、すばやく集り、連帯し、街頭に出て直接抗議を表明する。こうした動きに呼応して、政治家は関連法案や法改正案を次々に国会に上程する。

2017年の大統領選挙では、フェミニストたちは「性平等が民主主義の完成だ！」をスローガンに、候補者たちにジェンダー公約を迫った。文在寅候補は真っ先に「フェミニスト大統領宣言」「男女平等大統領宣言」を行い、女性票を意識した選挙戦を展開した。

フェミニズム運動が最高潮に達した1990年代に盛んに行われていた運動手法が復活し、いまではすっかり日常的な風景と化した。

ただ傍観しているだけでは、法律を変えることはできない。処罰も強化されない。怒りを言葉にして訴え、表に向かって声を上げ続けることでしか変わらない。そして、同じ声を持つ人びとと連帯することで初めて変化が起き、前進する。

こうした信念が、経験則として世代をまたいで受け継がれていることは、韓国のフェミニズム運動の強みでもある。

女性同士でつながりを強めるのは、男性の暴力から身を守り安全を確保しようとする生存戦略でもある。一方で、若いフェミニストの一部には、男性との対決姿勢を鮮明にする傾向がみられる。これが男女間の対立を深めている。

男性のつらさの構造

ジェンダー抑圧構造から脱却したいという思いは、若い男性にも共有されている。

韓国女性政策研究院が20代の男性1000人を対象に実施した調査（2019年）から、韓国男性の意識が近年大きく変化していることがわかる。父親世代である50代（1960～69年生まれ）と、子世代である20代（1990～99年生まれ）の意識の違いを比べてみると、「何よりもまず、仕事で成功しなければならない」という項目に「そう思う」と回答したのは、50代は52・5％に対して、20代は34・1％と大きな開きがみられた。

「男はつらくても、つらいそぶりを見せてはならない」という項目に「そう思わない」と答えた人は、50代は44・1％、20代は62・6％、「家族を養う責任が男性にはある」という項目に「そう思わない」と回答したのは50代では10・6％にすぎなかったのに対し、20代では41・3％に上った。

韓国女性政策研究院のマ・ギョンヒ研究員は「20代男性は、従来の男ならこうあるべきという『男らしさ』を拒否し、脱却したがっている。性別役割規範やジェンダーによる固定観念にノーを突きつけ、個々人の個性や人格を尊重すべきだという意識はフェミニズムが目指すものと通じているのに、フェミニズムに対しては敵対的で、露骨な反感を示す」と指摘する。

同じ調査では、20代男性の50・5％が、フェミニズムに対し否定的な認識を持っていた。個別の質問では、20代男性は「フェミニズムは攻撃的（70・1％）」で「男性を嫌悪しており（65・8％）」、「恋愛相手がフェミニストだとわかったら別れた方がいい（56・5％）」と答えている。

この調査によれば、フェミニズムに否定的な認識を持つ人は、20代がもっとも多く、30代（38・7％）や40代（18・4％）、50代（9.5％）の順に低くなる。民主化運動世代の50代男性が、フェミニズムにもっとも好意的な世代となっているのだ。

この理由について韓国の若い男性に尋ねると、「40代や50代はオンライン上で激しいジェンダー戦争が起きているのを知らないか、接したことがないからだ。フェミニズムへの無関心さの表れではないか」（20歳・大学生）と顔をしかめた。

3　ジェンダーと政治——女性とフェミニストの大統領

朴槿惠の「女性性」

2012年に行われた大統領選は事実上、朴槿惠と文在寅の一騎打ちとなったが、そこでは朴槿惠の「女性性」が論争になった。

韓国社会では2000年代後半から、若年層の就職難や失業問題、所得格差の拡大、少子化の進行や高齢者の貧困問題が深刻化した。各候補者は、こうした問題への対応策を競うように公約に盛り込んだ。そのため、それぞれが打ち出す社会政策の方向性に目立った違いがみられず、対立軸が先鋭化しづらかった。

そこで朴槿恵陣営は、女性票や浮動票の獲得を狙い「準備ができた女性大統領」という新たなスローガンを打ち出した。朴槿恵陣営による世論調査で、女性大統領の登場に有権者の8割が肯定的な評価をし、とりわけ30代の女性に高い支持がみられたからである。「大統領になる準備ができている女性候補」というキーワードは、高位職に女性を抜擢したくても適当な人材がいないという弁解へのアンチテーゼとして掲げられた。人材は機会を与え、育てなければ輩出されない。朴槿恵は経験と実力を備えたひとりの有能な女性政治家であるとアピールする狙いだった。

対抗馬であった文在寅候補陣営は、当初、朴槿恵候補を「独裁者の娘」と糾弾し、引き下ろしにかかった。しかし、支持率の低下がさほどみられなかったことから、朴槿恵候補の女性性に対する牽制へと戦略を変えた。

「出産や子育ての経験、主婦としての家庭生活の苦労を知らない朴候補には、女性性がない」との批判や、「女性としての代表性を欠く朴候補が、女性大統領の誕生が韓国政治に変化を起こし刷新すると主張するのは笑止千万。これまで権威主義や家父長制と闘ってきた多くの女性を冒瀆するものである」との攻撃が加えられた。

女性の権利向上や女性関連法の制定に尽力してきた有力女性団体は、こぞって金大中、盧武鉉両政権の流れを汲む進歩派の文在寅候補の支持に回った。朴槿恵は14年間も国会議員でありながら女性の権利向上に特段の関心を示してこなかったとして「生物学的に女性だからといって、朴槿恵を支持することはできない」と切り捨て、「進歩勢力が大統領になるのが、真の政治改革である」と訴えた。

女性が大統領になれば、女性の視点が政策に反映され、女性が活躍しやすい環境が整うという一般論がある。だが、朴槿恵に関していえば、実際に大統領になった後も、ジェンダー平等にも女性政策にも無関心なままだった。女性候補だからといって無条件に支持することはできない、という言い分自体は間違ってはいない。

文在寅の対抗策

ところが、このように女性性をめぐる舌戦が続くなか、文在寅陣営がオンエアした選挙キャンペーンCMが、大きな波紋を呼んだ。文在寅候補への親近感を高め、庶民的なイメージを演出するため、彼が自宅で家族と過ごす映像だった。

そこで視聴者が見たのは、書斎の椅子で本を読むうちにうたた寝してしまった文在寅の傍らで、ひざまずいてアイロンをかける妻、夫と息子が討論しているところに、いそいそとお茶を運んでいく妻の姿であった。

文在寅には娘もいるが、画面には息子しか登場しない。息子は対等に議論を交わす頼もしい相手というイメージで登場する一方、妻の役割はアイロンがけとお茶を運ぶだけだった。

不快感を露わにしたのは、若い女性たちであった。CMがオンエアされるや、ネット上に「政治は男のもの。女は男の領域に乗り込まず、家でおとなしく家事でもしていろというのか」「儒教的な男尊女卑の因習を強調するのが目的か」「妻は家政婦ではない。時代錯誤がすぎる。朴槿恵への当てこすりか」といった批判が次々に書き込まれた。

儒教の家父長規範は「男は外、女は内」という、性に基づく厳格な領域区分とこれによる男女の徹底した役割分担を強いるものである。文在寅のCMはまさにそれを体現していた。民主化運動を牽引し、社会の改革を叫んできた進歩勢力にも、家父長的な女性観が根強いことを如実に示すものであったといえる。

CMは不快だが、独裁政治を行った朴正熙の娘であり、女性政策への関心が低い朴槿恵候補を支持する側にも回れない。20～40代の女性たちは、大統領選をめぐり、誰に投票するかジレンマに陥ることになった。

一方、50代以上の女性、特に高齢女性は、朴槿恵を強く支持した。朴正熙時代の高度経済成長期を記憶している年代であり、両親が殺害されるなど、朴槿恵が被った個人的悲劇への同情も強かった。

大統領選挙期間中に候補者が出演するテレビ討論会で、弁護士出身で弁の立つ文在寅を始めとする男性の対立候補に囲まれた朴槿恵は、言葉に窮してどもってばかりいた。男性候補からの攻撃に口ごもりながらも、必死で抗弁しようとする姿に自分自身の姿を重ね、シンパシーを感じた、と多くの中高年女性が口にした。

文在寅陣営の一連の対抗策は、韓国社会に性別役割論というステレオタイプがいかに根強く残っているかを露呈させた。独身で子育ての経験がない、主婦の生活を知らないのは「女性の資格がない」と言わんばかりの攻勢や、妻の内助を強調するかのようなCMを、保守派ではなく進歩派の候補が打ち出しただけに根は深い。

ジェンダー対立の先鋭化

選挙戦の終盤で、朴槿恵は「私には夫も子どももいない。国民のみなさんが私の家族である」と切々と訴えた。朴槿恵が、血で染まった父と母の服を泣きながら洗った人物であることは、国民の誰もが知っていた。麻薬中毒だった弟は繰り返し逮捕され、妹とも疎遠だった。父親の暗殺後、政界入りするまでは、息を潜めて静かに暮らしてきた。当時はのちに朴槿恵前大統領が職を罷免される政治スキャンダルの中心人物となった親友、崔順実《チェスンシル》の存在は知られておらず、朴槿恵は孤独な半生を送った薄幸の女性というイメージが強かった。

「国民のみなさんが私の家族」という言葉に、保守層や高齢者の心は揺り動かされ、結束が高まった。こうした家族意識に訴える手法自体は、韓国の選挙で多用される、きわめてオーソドックスな戦術である。

朴槿恵は幅広い層にアピールしようと、あえて母や娘といった上下関係を表す親族呼称ではなく、私の家族は国民のみなさんですと水平的な関係から訴えかけた。朴槿恵を当選させた要因は、まさに朴正煕時代を知る世代が共有する、記憶共同体としての疑似家族意識を呼び起こさせたことにあったと思われる。逆をいえば、当時の記憶を共有しない世代にとっては、朴槿恵を支持する特段の理由が見出せなかったともいえる。

こうして迎えた大統領選挙の結果は、韓国社会にこれまでにない変化が起きたことを実感させた。文在寅候補は、大統領選挙の対立軸を世代間の利害の相違に定め、若年層の票を動員する戦略をとった。その結果、若年層は文在寅候補に、中高年層は朴槿恵候補に投票するという、投票行動が世代によりはっきりと分かれる結果となった。

これ以降の選挙でも、利害の異なる世代間の対立は、より一層先鋭化することになる。

さらに、朴槿恵が弾劾により大統領の座を追われた後、２０１７年に大統領に就任した文在寅政権への支持率や政治的評価に、顕著なジェンダー差がみられるという新しいファクターが加わった。

背景には男女が互いに嫌悪感を募らせる、ミソジニー（女性嫌悪）対ミサンドリー（男性嫌悪）ともいうべきジェンダー対立の先鋭化がある。それがかつてなかったほどに鮮明に、政治志向や投票行動に表出されるようになった。

文在寅政権に対する20代の政権支持率は、政権発足直後（2017年6月）の韓国ギャラップの調査では、男性87％、女性は94％と高く、男女差は7ポイントだった。

ところが、2018年12月のリアルメーターの調査では、男女別の支持率に驚くほど大きな開きがみられた。20代男性の政権支持率が29・4％に急落したのである。60代男性の57・0％と比べてもはるかに低かった。20代女性は63・5％と下がりはしたが、20代男性の倍以上の支持率だった。文在寅政権の経済政策、雇用、労働政策、教育政策といった政策評価についても、否定的にみる割合は、20代の男性はどの項目でも女性より10ポイント以上多かった。

2019年10月の韓国ギャラップの調査をみると、政権支持率は20代では男性31％、女性52％と21ポイントの差があり、支持率にみるジェンダー差は埋まっていない。30代でも男性52％に対し、女性60％と支持率は女性の方が高い傾向があるが、20代は他のどの世代よりも著しい男女差がみられる。

さらに、2020年4月の総選挙では、KBSの出口調査によると与党候補に投票した20代女性は63・6％だったのに対し、20代男性は47・7％に留まった。

20代男性が現政権に背を向ける理由は何か。

若者の怒りの矛先は、同世代の女性や政府のジェンダー平等政策に向けられている。男性への逆差別を指摘しながらも通底するのは兵役問題で、徴兵制度の不公平さへと行きつく。兵役が男子にのみ課せられ、それに対する見返りがないことへの怨嗟が大きく、不当で不公平だと考えられているためだ。女性運動団体の反対を受け、兵役を終えた者に公務員試験などで加算点を与える「軍加算点制度」が１９９９年に廃止されることになったときも、若い男性たちは怒りに震えた。

当時よりも就職難がさらに深刻化し、女性の社会進出が進んだことにより、兵役が不公平であるという男性の思いは増幅している。「大学の成績でも入社試験でも優秀な成績を収める女性は、いまや自分たちにとっては脅威で強力なライバルである」と言う彼らに、女性が就職活動でも昇進や賃金面などでも差別を受けており、仕事と家庭や育児の両立に疲弊しているという現実は見えていない。

一方、20代女性の政権支持率が男性よりも高い背景や要因は何か。文在寅政権がジェンダーの不平等を是正し、女性の権利向上のための政策を推進しようとするマインドがあると評価されていることが、まず指摘できる。就職問題や雇用政策への不満はあっても、ジェンダー不平等をめぐる改革が失速するのは望まない。女性閣僚を全体の３割に、公共部門の管理職や役員の女性比率は２割にすると掲げ、出産でキャリアが断絶しないよう制度的枠組みを強化するという方針が揺らぐことがないよう政権を支え、後押ししたいという政治的意思がみてとれる。

文在寅政権にとって、20代の女性は何としてもつなぎとめておきたい重要な支持層だといえる。若い女性は自分たちの権利を守るために集い、討論し、連帯し、オンラインでもコミュニケーションを重ね、行動する。ジェンダーイシューが浮上したときの組織化も早い。フェミニストとしての自負心を持ち、積極的に意見を発信する若い女性が増えている。投票率も高いため、その影響力は侮れない。

進歩と保守で二分化してきた韓国社会の対立軸は、こと20代に関してはジェンダーで二分されているのが現状である。

文在寅への疑問符

朴槿恵から大統領職を奪取した文在寅は、現在のところ女性の味方を自称する、もっとも強い力を持つ男性である。フェミニストは、ことあるごとに「性の平等が、民主主義の完成である」とスローガンを掲げ、性差別の是正を政府に要求し続けてきた。人権派弁護士出身で民主化運動の闘士だった文大統領が、こうしたスローガンを意識しないわけがない。ことあるごとに、文在寅大統領は女性の味方であると公言してきた。

スタジオにいる市民からの問いかけに大統領がその場で答える「国民との対話」が、2019年11月19日に生放送で放映された。その際、質問に立った若い女性と大統領の間で次のようなやりとりがみられた。

女性「大統領が『自分はフェミニスト大統領である』と宣言されたことに、とても感銘を受けた。わが国では男女の賃金格差の開きはこの15年間、ＯＥＣＤ加盟国のなかで不動の1位だが、この問題をどう解決していくのか」

大統領「現政権は女性差別の解消にばかり格別の関心をみせ、男性が受けている差別には無関心だと反発する人もいるだろう。私が大統領になってから、女性の社会的地位や社会進出は目覚ましく改善された。ただ、経済活動参加率や雇用率、賃金差別、ガラスの天井といった差別が残存しているのは事実だ。さらに関心をもって取り組んでいく」

ここまでは模範解答だとして、文大統領の次の一言で、質問者の顔が一瞬曇った。大統領がこう付け加えたからだ。

「こうした（女性）政策は、少子化問題とも深く関連する。ヨーロッパで出生率の低下が反転した国をみると、女性の雇用率が上がると、出生率が上向くということがわかっているからだ」

文政権がジェンダー問題に熱心に取り組んでいるのは、少子化対策のためだったのか、という疑念を抱かせる場面であった。

変わらない女性観

文在寅大統領自ら「ジェンダー平等に自分は格別の配慮をしている」と称しているだけに、

男性のなかには「文政権の政策基調は女性中心ではないか」「フェミニスト政権だ」と糾弾する人もいる。

はたして文在寅大統領を始め文政権の核心人物の女性観は、そんなにジェンダー平等意識に裏打ちされたものなのだろうか。

韓国はいまも、家父長制的な考え方や感覚が人びとの意識や生活に根強く残る社会である。文政権の進歩派の男性とて例外ではない。まず、子どもの大学不正入学疑惑で辞任した曺国前法相だ。彼は話をするとき、枕詞《まくらことば》に「家長として」と付ける癖がある。

たとえば、法相候補を辞退すべきだという声に対しては「一家の家長として、いまは家族の面倒をみてやりたい気持ちでいっぱいだが、私個人で決められる問題ではない」と抗弁している。

就任直後、自宅が検察の家宅捜査を受けた際に、曺国前法相は電話口で検察官に捜査を迅速に終わらせてほしいと求めた。これが職権乱用ではないかと批判された際にも「私は家長として、妻への配慮を求めただけだ。何が問題なのか」と声を荒らげ反論した。

李洛淵《イナギョン》首相は、曺国前法相の自宅が家宅捜査を受けた際に「女性しかいない（妻と娘）家で、男性捜査官たちが11時間も捜査したのは行き過ぎである」と検察を強く批判した。実際には妻と娘だけでなく、自宅には息子もおり、女性検事2人と女性弁護士も1人いた。あとから誤認だったと弁明したが、女と子どもだけの家に、男性検察官が乗り込んだことを問題視し、検察批判につなげようとした発言だった。

２０１９年３月に、文在寅大統領が東南アジアを歴訪した際、金正淑《キムジョンスク》夫人が文大統領の前を歩き、大統領がその後ろを歩いた場面があった。その姿が、野党議員や保守系のメディアからひどく叩かれた。妻なら夫である大統領の後ろを付いて歩くべきだという批判にも、文政権は沈黙していた。

文政権で女性政策は目覚ましい進展を遂げたが、進歩派であれ保守派であれ、既成世代の持つ女性観や家族観は、旧態依然としたものがある。

ちなみに文大統領は、進歩派政党である正義党の大物国会議員の魯会燦《ノフェチャン》から「大統領就任記念に」と、ある小説をプレゼントされた。その小説とは『82年生まれ、キム・ジヨン』だった。

雰囲気が一変した学校

韓国ではいま、生徒の自主性や多様性を尊重すべきだという人権ムーブメントが巻き起こり、学校教育の場が大きく様変わりしている。きっかけは、２００９年にソウル市に隣接する京畿道が、全国16の市・道教育庁のなかで初めて小中高生を対象とする「学生人権条例」を施行したことだ。

学生人権条例は、まず、生徒に対する体罰の全面禁止を謳っている。教師が生徒の頭を殴ったり、胸を突いたり、走らせたりする体罰の様子は、２０００年代以前の韓国のドラマや映画によく登場した。30代以上の人と話せば「小学生のとき、宿題を忘れただけで往復ビンタされた」など、学校での体罰エピソードは枚挙にいとまがない。

２００２年ですら、日本の文部科学省にあたる教育人的資源省（当時）は「教育上避けられない場合は、直径1～1.5センチメートル、長さ50～60㎝以下の棒で体罰を与えることができる」との指針を各学校に送っていたほどだ。棒で手や尻などを叩く行為は、昔からしつけと称して親が子どもにしていた一般的な体罰である。

「チャングムの誓い」という、韓国では視聴率63・5％を記録した朝鮮王朝時代を舞台とするドラマの最終回では、ヒロインのチャングムが愛娘を叱りつけながら棒で打つシーンが出てくる。民主化後、暴力による抑圧は、悪しき軍事文化であるとして批判の的になっていたものの、学校内の教師から生徒への体罰は公然と行われてきた。

韓国で児童や生徒の人権問題が社会的イシューとして台頭したのは２０００年代初頭である。市民運動団体などを中心に学生人権条例の制定が提起され、国際的な人権ムーブメントに歩調を合わせるように、２０００年代後半にかけて弱者の人権を擁護する運動が高揚した。体罰はしつけや教育ではなく、弱者への暴力であり人権侵害であると捉えられるようになった。条例で真っ先に生徒に対する体罰の全面禁止が謳われた背景には、こうした人権意識の高まりがあった。

2000年代後半は、軍事政権と闘った民主化運動世代が、社会の各分野で権力構造の中心的ポストに就き始めた時期である。彼らはそれぞれの領域で、自分の理想とする「正義」に基づいた改革に着手した。教育の現場では、教育監（教育庁のトップ）となった進歩派が学生を主体とした人権擁護を引っ提げて、思い切った教育改革を推進するようになった。

教育監とは地方教育行政の長であり、住民の直接選挙で選出される。区長や市長など、一般行政の首長は教育行政に関する権限はない。教職員の人事、予算案の編成と執行権など、地方教育に大きな権限を持つのは教育監である。

学生人権条例で体罰禁止が明文化された意味は大きく、学校の雰囲気は一変した。条例には体罰の禁止以外にも、頭髪の自由化、校則の制定・改定に生徒が参加する権利、持ち物検査や所持品の没収禁止、放課後に深夜まで学校に居残りして自習する夜間自習の強制禁止、妊娠や出産などを理由に退学させる行為の禁止などが盛り込まれた。

外見の自由化——マニキュア、ピアスの女子高生たち

条例に盛り込まれた頭髪の自由化は、頭髪の長さを規制するのを禁じるというものである。多くの学校では、生徒の頭髪の長さに校則違反が見つかれば、その場で直接教員がハサミで切る「頭髪強制カット」が横行していた。頭髪だけでなく、スカートが短い女子生徒のスカートの裾をほどいて伸ばすといった行為も行われていた。

こうした規制は、韓国人にとっては人権侵害の象徴的なものだった。多くの人が軍事政権下で、長髪の男性が路上で捕まえられて髪を切られたり、スカートが短い女性が街中で検閲を受けたりした姿を記憶しているからだ。

人権条例の公布に、現場の教員の多くは戸惑いを隠せなかった。「人権擁護もいいが、学校の秩序が乱れ、教育権が侵害される」と憂慮する声や、「一度に何十人もの生徒を指導しなければならないなか、問題を起こす生徒を制御し集団行動をさせるには、力で押さえつけるしかない」といった反発も大きかった。

京畿道に続き、光州広域市やソウル市の教育庁も2012年に学生人権条例を定めた。さらに、ソウル市教育庁は2018年に「中高生頭髪自由化宣言」を発表し、中学生と高校生の髪染めやパーマを全面的に許可するよう、各学校に対し校則を改めるよう指示した。

ソウル市教育庁トップの曺喜昖教育監はその理由として、「頭髪の自由化は生徒たちの自己決定権の領域に該当する基本的権利であり、頭髪の自由化を通じて民主的で自律的な学校生活文化をつくりあげたい」と述べている。

首都圏の京畿道とソウル市には約2400万人が居住し、韓国の全人口の約半数を占める。学生数もケタ違いに多く、条例がもたらす影響力は大きかった。

学校現場では劇的な変化が生じた。高校生を始めとする女子学生が、マニキュアをし、ピアスをつけて登校するようになった。メークはもはや当たり前で、真っ赤な口紅を塗って登校する女子高生が珍しくなくなった。

高校生ほどではないにせよ、中学生でもカラフルな口紅をつけて登校する子がいる。もちろん条例でしかないので、厳しい校則を維持したまま、化粧も髪染めも禁止する学校もある。

学校での体罰も格段に減った。条例の存在が抑止力として作用するようになっているという。

人権を掲げる学生

一方、現場の教員は「学生人権条例により生徒の生活指導がきわめて難しくなった」と声をそろえる。人権尊重を是とし権利意識が高まった学生たちは、生活指導に対し「理由は何ですか」と聞き返す。納得がいかなければ、学生人権条例を掲げて生徒の自律権や表現の自由を主張すると言う。

たとえば、現場の教員が嘆く話でよく聞くのは、タバコを吸っていた学生を指導したら「なぜいけないのか」と詰め寄られた。健康に悪いからと説明したら「先生の身体ではなく私の身体ですから、干渉しないでください」と言われた。

髪染めや化粧、ピアスについても同様で、「自分の身体をどうしようと個人の自由であり、自由を侵害しないでほしい」と言い返された。

また、「服装の乱れは生活の乱れ」と注意したら、笑い飛ばされた。思わず手を上げるふりをしたら、スマホで動画を撮られ、「教育庁に通報する」と詰め寄られた、といったものだ。授業中に寝ることですら人権と主張するというから、行き過ぎた人権意識に現場の教員は戸惑うばかりだ。

学生人権条例の施行後、保護者から生徒指導について、子どもの人権を無視しているのではないかと抗議の電話がかかってくることも増えたと言う。

親たちは、こうした変化をどう考えているのか。「自分の学生時代の学校は抑圧的で、まるで軍隊のようだった。生徒の個性や多様性を認めるのはいいことだ」や、「子どもの自由な自己表現を妨げるべきでない。子どもの欲求や自律を抑圧する校則は廃止すべきだ」と言う肯定派。

「化粧したいという気持ちを無理やり抑えつけることはできない。肌のことを考えて、なるべく質のいいものを買ってやるようにしている」や、「きちんと勉強して成績をキープしているなら何の問題もない」と言う現実派。

「化粧品や髪染めにはお金がかかる。まだ高校生なのに家庭間の経済格差が出るのはよくない」や、「規律は重要。外見に時間をかける時間があったら、その分もっと勉強してほしい」と言う否定派など、受け止めはさまざまだ。

長年、韓国の教育現場には、生徒は無条件に教師に従うもので口答えするなどあってはならない、という空気があった。道徳上、学校現場で教師という絶対的な立場の人に反抗することなど許されるものではなかった。儒教の影響が色濃く反映されている教育現場では、生徒は教師に従順で、疑問を呈することなく指示に従い、恭《うやうや》しい言葉遣いで応える心構えを持つことが当然視された。

男子校を舞台にした日本の人気ドラマ『ごくせん』には、生徒が教師にタメロで話すシーンが多く出てくる。このドラマは韓国で熱狂的な人気を呼んだが、「どけ、邪魔なんだよ」といった台詞は韓国語の字幕では、「先生、道をあけてくださいませんか」となっていた。

権威主義的な上からの指導に慣れていた教員の戸惑いは、大きかった。生徒に怒鳴り返されたことで、ショックのあまり退職してしまった年配の中学校教員もいた。

人権や表現の自由を掲げ、生徒が自己主張するようになったことで、学校内に存在した上下秩序ともいうべき強固なヒエラルキーが揺らいだと考える教員は、条例に否定的だ。「生活指導が難しくなった」「説得しても聞く耳を持たない」「言うことをきかせるにはどうしたらいいのか」などなど、現場教員の悩みは深い。

大統領による「女子高生の制服改善」指示

2019年2月、女性家族省は、K‐popアイドルの容貌が画一的に見えるとして、K‐pop業界の多様性を促進するための指針を発表した。女性アイドルの身体が一様に細く、露出の多い衣装を着ていること、同じような外見に見えて個性がなく、こうした均一化された身体的特徴が美の基準となるのは大問題である、という理由だ。

この指針に対し「政府がアイドルの外見を検閲するのか」と強い批判が巻き起こり、指針は撤回に追い込まれた。それでも女性家族省は、偏った美の基準に沿って外見を画一化しようとするのは、多様性の抑圧であり、深刻な人権問題であるとの主張を続けた。訴えたかったのは、一人ひとり異なる身体を一つの美の基準だけに従わせることへの危惧だったのであろう。それは女性アイドルだけの問題ではない。

韓国の女子高生の制服を見たことがあるだろうか。ウエストが細く、スカートはタイトで丈が短い。上衣の丈が短すぎて腹部が見えそうな制服もある。体にフィットするシャープなシルエットの制服はきつく身体を締め付けることから「コルセット制服」と呼ばれている。動きづらいうえ、機能性は著しく低い。スカートが短すぎて行動の自由が制約されるだけでなく、真冬は身体をひどく冷やす。

こうした制服が広まったのは、多くの学校が見栄えを重視し、K-popアイドルの衣装のようなカラフルで、過度にスリムな制服をこぞって採用したためだ。痩せ過ぎのモデルが着た制服姿は、見た目はかっこいい。ただ、モデルの体型に合わせたようなデザインの制服は、一般の女子高生にとっては窮屈すぎる。勉強に追われて運動不足の身体で制服を着るには痩せるしかなく、痩身志向が強まる。

日韓高校生交流の現場では、来日した韓国の女子高生が茶道や百人一首を体験することがある。その際、スカートがきつい上に短すぎて、畳の上に座っていられないという事態が起きている。

Ｋ－ｐｏｐアイドルだけでなく、一般の女子高生も、ほっそりした身体という美の基準に合わせて作られた衣装（制服）に、自分の身体を落とし込むことを日々強要されている。

制服をどうにかしてほしいという声が高まると、教育監選挙では「着心地のよい制服実現」を公約として掲げる候補者が続出した。

２０１９年７月に、文在寅大統領は閣議の場で「女子高生の制服改善」を検討するよう、直接指示した。大統領自らが女子高生の制服に関与するまで、身体を拘束する制服が人権問題化し、政治的イシューとなったのだ。

終章　絶望的な格差と社会——若者の活路は

映画『パラサイト』にみる格差

韓国映画『パラサイト—半地下の家族』は、韓国で初めてカンヌ国際映画祭の最高賞に輝いただけでなく、米アカデミー賞で最高の栄誉とされる作品賞を含む4部門を受賞した。作品賞に外国語映画が選ばれるのは史上初で、一躍、歴史的作品と評価されるようになった。

『パラサイト』は、半地下の部屋で暮らす全員失業中の貧しい4人家族が、IT企業を経営する裕福な社長一家に雇われ、つながりを持つことから生じるブラックコメディだ。4人は家族関係を隠したまま、それぞれ家庭教師、家政婦、運転手として、ソウルの一等地にある豪邸に入り込む。

画面は絶えず垂直に動く。高台の高級住宅と半地下の家を上下に布置する関係として、対照的な二つの家族の生活ぶりを描く。黒澤明監督の映画『天国と地獄』を想い起こさせる設定である。

監督のポン・ジュノは、格差を視覚的にわかりやすく描くため空間的に垂直配列したと説明する。豪邸に行きつくまでの急な勾配の坂道や長い階段も、階層関係を意味するメタファーとなっている。

『パラサイト』の作品としての評価は非常に高く、面白かったという声も多い。不平等を扱った風刺映画で、かけ値なしの傑作であることに間違いない。

ただ、希望のない、絶望的なラストにみるように、多くの韓国人にとって映画が描いた失業中の貧しい一家の姿は、きわめてリアルで生々しい。

『パラサイト』は、観た後に誰かと話したくなる力を持つ映画である。筆者はソウルで鑑賞してから会う人ごとに感想を求めたが、そこには大きな階層差がみられた。

話の設定や筋を知る低所得層には、「苦しいだけ。あまり観たくない」という人が多くいた。観た場合も「爽快なサイダーを期待したが、重い焼酎を飲んだ気分」と表現した人がいた。「自分の未来を見た気分」と陰鬱な顔をする学生もいた。「失業中の一家は、自営業で失敗して没落した元中産層だ。他人事ではない」と顔をひきつらせた50代もいた。

半地下で生活したことがある人にとっては、とりわけ重い映画だ。豪雨で一家の住む室内が洪水に呑み込まれ、家族全員で近隣の体育館に避難する場面が出てくるなど、経験者に少なからずトラウマを呼び起こす設定だからだ。

住宅形態により階層差がはっきり分かれるため、韓国は「不動産階級」社会と言われる。韓国統計庁の「人口住宅総調査（2015年）」によれば、韓国では約半数（48・6％）がマンション暮らしだ。マンションの居住は、中産層の証でもある。一軒家（ただし一軒屋に複数世帯が住んでいる場合も多い）が3割で、あとは連立・多世帯住宅（4階以下の低層アパート）などに居住する。

半地下・地下に住んでいるのは約36万4000世帯、86万人に上る。うち9割がソウルに集中している。半地下は朴正熙政権が1970年に、ソウルなど38度線に近い地域で一軒家を新築する際、戦時の防空壕などに使用できるよう地下室の造成を義務づけたものである。本来は居住用ではなかったが、ソウル市の人口膨張と住宅費高騰により、次第に貧困層やひとり暮らしの若者が移り住むようになった。

映画以上の厳しい現実

筆者も韓国留学時代に、半地下で暮らした経験がある。理由は単に広くて安かったからだ。2LDKで広々としたリビングがあるのに、1階に比べて賃料は半額だった。たまたま新築で、かびもにおいもなかった。

また、映画の『パラサイト』の設定と同じように、ソウルの超高級住宅地にある高台の豪邸で、まさに映画に登場する息子のように家庭教師をしていた。生徒は財閥の若き御曹司夫妻だった。ポン・ジュノ監督も学生の頃、富裕層の家庭教師をしており、そのときの経験が作品の着想につながったと言う。

その邸宅は地上4階建ての豪邸で、上下階はエレベーターで移動する。広い庭には20メートルのプールがあった。天井画が美しい70畳ほどのリビングには、グランドピアノとハープが置かれていた。一家と親しくなり、時折寝泊まりした寝室は20畳近かった。就寝前には家政婦が枕元に、銀の水差しとクリスタルグラスを運んできた。映画が描いた以上の格差が、そこには存在した。

バスの路線が通っていない地区で、坂上にある邸宅にはタクシーで通った。坂道の傾斜が激しく、歩いている人を見かけることは一度もなかった。

土砂降りの雨が降った日、家庭教師を終えて半地下の自宅に帰ると、リビングが水没していた。道路から半地下の部屋に汚水が流れ込み、床が水浸しになっていた。韓国の友人が「半地下だけには住むな」となぜ必死に止めたのか、水害に遭って初めて理解した。ほどなくして半地下の家を引き払った。

外国人の筆者はほかの家に引っ越すことができた。だが、『パラサイト』の一家は半地下の家で身を寄せ合いながら、がむしゃらに生きていくしかない。

一家の体に染みついたかび臭い半地下の「におい」は、豪邸に住む富裕層にとって嫌悪の対象でしかなく、階層差の象徴として位置付けられた。においが引き金となり、映画は悲劇的なラストを迎える。

〝パラサイト〟寄生関係が、階層差を超えた「共生」関係に転じれば、映画で描いたような悲劇は起こらなかったと、ポン・ジュノ監督はインタビューで述べている（「荻上チキＳｅｓｓｉｏｎ－22」、２０１９年12月25日）。劇中にも「よいものは分け合わなくては」と言う台詞が出てくる。「富の分配」は、ひとつの解だろう。

ポン・ジュノ監督は、人として最低限の礼儀を守ることの重要性も強調している。礼儀を人間同士がしっかりと守ることができれば人びとは共生できるが、それが守られなかったときに凄惨な結果になると言う。礼儀とは、相手の尊厳を傷つけないことと言い換えることもできる。

これだけの就職難にもかかわらず、韓国の若者が中小企業に向かわない理由の一端が、ここからも読み取れる。

次の叫びは、１９９３年生まれの就活生の声だ。

「中小企業の賃金を上げれば、若者が就職するだろうという政府の考えは間違っている。どうして中小企業が忌避されるのかわかっているのか。中小企業の経営者のマインドがクズだからだ。死ぬほど働かせて使い捨てにする。社員の将来なんてまったく関心がない。政府がいくら中小企業に補助金を出そうと、大企業との給与格差分を３年間は補塡してやるからといって、そんなところに、いったい誰が就職するというのか」

１９９０年代生まれの若者の特徴を描写した『90年代生まれが来る』（２０１８年）というベストセラー本の中の文言だ。本の帯には「文在寅大統領が大統領府のスタッフ全員に配った本」とある。ならば、大統領にもこの若者の声は届いているのだろう。『パラサイト』の半地下の家族は、食べて生きていくために、自分の働き口を見つけ一心不乱に突き進む。私文書偽造や詐欺行為に近いことをしても、悪事を正当化する術にも長けている。タフでふてぶてしく、生命力にあふれている。

ポン・ジュノ監督は「彼らは頭が良く、怠惰でもないが、仕事に就けない。それがいまの時代の核心だ。彼らの責任でなく、国や社会が能力ある人に職を提供できないことに問題がある」と述べている（『日本経済新聞』2020年1月6日）。

ソウル市の試み

政府と異なるアプローチで、格差是正や分配政策を進め、問題解決の糸口を探っているのが、進歩派の首長が強いイニシアティブを発揮する自治体である。

失業中の若者に現金を給付するという、自治体独自の若者支援策を真っ先に実行したのはソウル市だ。与党「共に民主党」所属の朴元淳ソウル市長は、韓国を代表する市民運動団体「参与連帯」の創立メンバーであり、市民運動を牽引したフロントランナーだった。韓国社会に寄付文化を根付かせた人物でもある。

2011年にソウル市長に当選後、革新的な市政が評価され三選を果たした。任期は2022年までで、この間、福祉や不平等の解消を重視する政策に精力的に取り組んできた。

次期大統領選の出馬を考慮していた朴市長だが、2020年7月9日に突如、行方をくらました。大々的な捜索活動が進められたが、翌日にソウル市内の山中で遺体が発見された。64歳だった。

警察によれば、失踪する前日、朴市長は元秘書によりセクハラ容疑で刑事告訴されていた。朴市長はもともと人権派弁護士として活躍した人物で、韓国初のセクハラ裁判の弁護や慰安婦問題への取り組みでも著名だった。セクハラは違法であり犯罪であるとの認識を広めた人物でもあり、フェミニスト政治家を自称し、女性のための政策を次々と打ち出していた。#MeToo運動を積極的に支持し、応援すると公言もしてきた。

それだけに、朴市長がセクハラ容疑で告訴されたこと、自ら命を絶ったことは、韓国社会に大きな衝撃をもたらした。多くの業績を残した朴市長の死を悼む声が上がる一方、「責任を回避し失踪、自死したのは卑怯」との批判も相次いだ。ソウル市が5日間にわたるソウル市葬を執り行うと発表すると、「疑惑を受けた人物なのに不適切」「美化すべきでない」と一部から大きな反発が起きた。

疑惑に答えることなく逝った朴市長だが、独自の社会政策を打ち出し実行する政治的手腕で知られ、その業績のひとつが青年への手当支給であった。

2016年にソウル市は、学校を卒業後、2年以上就業していない若者に「青年手当」として月50万ウォン（約4万4000円）を最長6ヵ月間支給する政策を打ち出した。当時の朴槿恵政権は「むやみに現金を支給するのはポピュリズム的事業であり、青年失業の根本的な解決策にならないどころか、モラルの低下を引き起こす」と、この施策に猛反発した。

ソウル市が青年手当の支給に踏み切ると、動きを抑え込もうと朴槿恵政権は職権取消処分を下し、事業中断に追い込んだ。

青年手当の支給に対しては「若くて健康、稼得能力のある若者に、所得保障制度は必要ない」と、保守層や高齢者からも厳しい批判が相次いだ。

ソウル市に続き、京畿道城南《ソンナム》市も青年手当支給に乗り出した。首都圏の自治体の首長は進歩系の市長が多く、所得分配政策が政治的イシューとなっていた。反発を強めた朴槿恵政権は、自治体独自の福祉政策の推進は事前に国と協議するよう定め、勝手なことをするなと市長を牽制した。

進歩派の文在寅政権が発足した後の2017年、中断に追い込まれていたソウル市の青年手当は再開が認められた。青年手当は生活難の環境にある青年の生活補助のベーシックインカムであり、社会的セーフティネットであると位置づけるソウル市の主張への共感が広がっていた。

青年手当は、企業への就職をゴールとして定めていないため、受給期間中の就職活動の報告や証明書などの提出は求めない。自分の本当にやりたいことは何か、じっくり考えて準備する「時間」を提供したいというのが政策の意図である。

周囲や親の視線を意識して、したくもない仕事に無理に就く必要はない、会社員以外の道を模索してもいいのだ、と個人の意思や価値を認めて尊重する姿勢を示し、若者にエールを送りたいという（ソウル特別市　２０１９年）。

若者をいかに社会に包摂するか

青年手当には、若者を社会に包摂する目的もある。なりたい自分と、なれない自分のギャップに苦しみ自尊感情が低下したり、誰にも頼れないという孤立感や疎外感に苛《さいな》まれたりしている若者に、地域に支え役がいることを実感させ、社会とつながっている感覚を持てるようにするというものである。

そのため、受給対象の若者には、無料カウンセリング、地域別コミュニティ活動、英語勉強会や趣味サークルといった小グループ活動を促す。地域のなかで若者の居場所や人との関係性を提供し精神的にサポートして、社会的孤立の解消につなげていくことに力を入れている。

ソウル市によれば、青年手当を実際に受給する前後の設問調査では、青年手当受給により「精神的に安定を取り戻した」という回答が、飛躍的に増えたという。

ソウル市は２０２０年から3年間で、10万人に青年手当を支給する計画である。ひとり暮らしの若者に、毎月20万ウォンの家賃補助を最大10ヵ月間支給する取り組みも始めた。

職業訓練ではなく現金支給での解決法には、単なるバラマキだ、ポピュリズム政策だとの批判が絶えない。

それに対し朴元淳ソウル市長は「青年手当はポピュリズムではなく、リアリズムだ。こうした支援は後に大きな恩恵として我々にかえってくる。予算を惜しんではならない」と主張する。朴市長は、失業扶助制度として全国民を対象にした雇用保険の導入が必要と提唱してきた。他方で、ベーシックインカムの導入を強く主張するのが次期大統領候補として有力視されている李在明《イジェミョン》京畿道知事である。李知事は、格差を縮小するためにベーシックインカムが必要であると声高に訴えてきた。

与党民主党の国会議員はベーシックインカムの導入に肯定的で、コロナ禍を契機に、政権与党でも、2022年の大統領選を見据えて、ベーシックインカム導入を骨子とした法案の発議を進める動きが活発化している。

ソウル市はほかにも、面接用スーツの無料貸し出しや、駅近の好立地に若者が安く借りられる住宅の建設など、独自の取り組みを展開している。

一連のソウル市の試みは、若年世代を物心ともに支えるセーフティネットの構築がいかに重要か認知されたことに意義があった。京畿道、慶尚南道、全羅南道、光州、大田、釜山、昌原など全国の自治体でも、青年手当と類似の施策を進めている。

そうした施策に倣うように、韓国政府も2019年から「青年求職活動支援金」制度を開始した。用途が限られるポイントカードを月50万ウォン分、最長6ヵ月間支給し、就活に必要な経費の一部を支援するものだ。対象は満18〜34歳の未就業者のうち、学校（大学院を含む）を卒業・中退してから2年以内の者で、所得制限がある。

青年手当との違いは、就職という明確なゴールを設定していることで、求職活動報告書の提出が課されている。こうした手当ての受給者は年々拡大されている。

韓国ではいま、「古い社会的リスク（年金など）」の支出と、「新しい社会的リスク（若年層への就労支援など）」への支出増を同時に迫られている状況にある。

若年雇用の危機や少子高齢化といった持続可能な社会発展を阻む深刻な問題に対し、適切な処方箋を講じることに苦慮しているのは、日本も変わらない。

日本では、就職氷河期に社会に出て不安定な仕事にしかつけなかったり、無職のままだったりする40代の子どもを抱える70代の親が高齢になり、子どもを支えきれなくなって共倒れとなる「７０４０問題」が社会に広がっている。

いずれ就職氷河期世代の老後の貧困問題も深刻化するだろう。世界最低水準で推移している日本の出生率も反転せず、少子化に歯止めがかからない。

「韓国の若者は本当にたいへんだ」「可哀そうだ」と眺めていられる余裕が日本にあるのだろうか。

あとがき

本書を貫くテーマは「格差」である。

韓国社会で安定した職を得られる人、結婚や出産ができる人とできない人の格差が広がり、深刻な少子化の原因となっている現状を考察し、これから起きるかつてない人口変動を展望した。また、格差拡大の元凶となっている高齢者の貧困や社会保障の問題を指摘した。

こうした所得・経済格差を助長し、拡大させているのは教育格差である。私教育の負担が格段に重く、いわゆるＡＯ入試が大学受験のメインとなった韓国では、とりわけ家庭の経済力や文化資本の多寡により、子どものときから大きな学力格差や機会の不平等が生じている。

本文では詳しく触れなかったが、韓国で起きているもうひとつの大きな格差は、世代間格差である。憂慮すべきは、次世代を担う若者が置かれている苦境である。

いまの20代の親世代は大半が50代で、彼らはかつて「３８６世代」と呼ばれた。３８６世代とは、この呼び方が広がった１９９０年代に「30代で、１９８０年代に学生時代を過ごした１９６０年代生まれの世代」という意味だ。現在、50代を迎えた彼らは「５８６世代」あるいは「86世代」と呼ばれることもある。

1980年代に全斗煥政権が大学入学定員を拡大する教育政策を打ち出したことにより、386世代はその前の世代よりも大学に進学しやすかった。高度経済成長の当時、20代の失業率は3%台と低く、大卒であればまず就職に困ることはなかった。

386世代は主に大卒者を指す名称だが、高卒であっても1960年代生まれは時代の恩恵を受けた。正規職での雇用が多く、労働組合が力を増しており、所得の増加幅が大きかった。住宅価格が高騰する前で、平均して約10年でマイホームを手に入れることができた。中産所得層が投機目的でマンションを複数購入することも珍しくなく、不動産価格の急騰で富を蓄積した者も少なくなかった。

その子ども世代は、大学進学率が先進国トップクラスに達し、過去に類を見ない高学歴世代となった。それにもかかわらず、就職難に悩まされ、若年失業率は通貨危機のときよりも高い9%台に上昇している。

いまや大学を4年で卒業する学生は少数で、大学を1年間休学して留学、あるいはアルバイトを掛け持ちし、学費や就職準備の費用を工面しようと奔走している。新卒が優遇されるプレミアムはなく、卒業して就職するまでに平均1年9ヵ月かかる。

韓国社会を牽引する50代の親世代の多くは高卒だった。その子ども世代は、親世代よりも高学歴で豊かな階層へと上昇した一方、「親世代よりも貧しくなる最初の世代」と評されるほど、置かれている環境は厳しい。

現在の新型コロナウイルスの感染拡大は、若者を取り巻く環境をさらに悪化させるであろう。世界経済の急激な落ち込みが波及し、韓国経済も深刻な不況に陥ることは免れない。理不尽な格差に苦しむ韓国の若者は、さらに追い詰められる可能性が高い。

こうした未来を担うべき若者が苦境や不安に直面している状況は、日本でもまったく同じである。韓国と同様に、日本の次世代は人口減少と少子高齢化という、世界で類例のない厳しい現実が待ち受けている。高い経済成長は望み薄で、国が抱える借金は未曽有の規模に膨らんでいる。人口構造の急激な変化は、持続可能な社会発展を危うくするだろう。

本書でみたように、韓国の未来年表は明るいものではない。

それでも、いまの10代や20代が社会の中核を担うようになる頃、日本と韓国が互いに知恵を出し合い、共通の社会的課題に立ち向かう協力関係を形成してほしいと願う。

彼らの未来のために打ち出せる政策とは何か。遺産として若い世代に何を残すべきで、何を残すべきではないかを考えるのは、私たち大人の責務だと思う。

＊

本書は全編書下ろしである。本稿は筆者の個人的な見解であることをお断りしておきたい。

3月末に一旦脱稿したものの、その後のコロナ禍の韓国の状況を部分的に加筆した。紙幅の都合で「韓国の政治文化」と「外国人労働者政策と移民政策」の章を割愛することになったのは残念だった。別稿でまたあらためたい。

本書の上梓は、ひとえに中公新書編集部の白戸直人さんのおかげである。的確な助言や優しくて温かい言葉の数々に、どれだけ励まされたかわからない。心から深く感謝したい。

執筆のお話をいただいた昨年の初夏から、深夜の静まり返った部屋で、足元にうずくまった愛犬の寝息を聞きながら書き綴った。いつしか秋が過ぎ、冬になったが、机に向かうたびに愛犬が私の椅子によじ登り、冷える背中を30キロの巨体で温めてくれた。

全編を精読し、少しでも読みやすくなるようさまざまな助言をしてくれた夫には感謝の気持ちでいっぱいだ。この世で誰にとっても平等なことのひとつは、一日が24時間しかないことだ。貴重な時間を割いてくれてありがとう。

誰もが一人では生きられない。誰かに助けられ、支えられて生きている。コロナの感染拡大で、いままで当たり前だと思っていたことができなくなり、かつての日常が遠い夢のように感じられる。

そんな混沌としたなかでも本書を出してくださった白戸直人さんに、もう一度感謝したい。

2020年7月

春木育美

UNICEF_%202019.pdf
WEF, 2019, *The Global Gender Gap Report 2020*, https://www.weforum.org/reports/gender-gap-2020-report-100-years-pay-equality

主要参考文献

Lyons, David, 2001, *Surveillance Society: Monitoring Everyday Life*, Open University Press.（=2002, 河村一郎訳『監視社会』青土社）.

————, 2003, *Surveillance after September 11*, Polity Press.（=2004, 清水知子訳『9・11以後の監視―〈監視社会〉と〈自由〉』明石書店）.

————, 2009, *Identifying Citizens: ID Cards as Surveillance*, Polity Press.（=2010, 田畑暁生訳『膨張する監視社会―個人識別システムの進化とリスク』青土社）.

————, 2018, *The Culture of Surveillance: Watching as a Way of Life*, Polity Press.（=2019, 田畑暁生訳『監視文化の誕生―社会に監視される時代から，ひとびとが進んで監視する時代へ』青土社）.

Manne, Kate, 2017, *Down Girl: The Logic of Misogyny*, Oxford University Press.（=2019, 小川芳範訳，『ひれふせ，女たち：ミソジニーの論理』慶應義塾大学出版会）.

Mounk, Yascha, 2017, *The Age of Responsibility*, Harvard University Press.（=2019, 那須耕介・栗村亜寿香訳『自己責任の時代―その先に構想する，支えあう福祉国家』みすず書房）.

Müller, Jan-Werner , 2017,*What Is Populism*? , Penguin.（=2017, 板橋拓己訳『ポピュリズムとは何か』岩波書店）.

Noelle-Neumann, Elisabeth, 1984, *The Spiral of Silence: Public Opinion-Our Social Skin*, The University of Chicago press.（=1997, 池田謙一・安野智子訳，『沈黙の螺旋理論―世論形成過程の社会心理学（改訂版）』ブレーン出版）.

OECD, 2011, *Better policies for better lives The OECD* at 50 and beyond, https://www.oecd.org/about/47747755.pdf#search=%27BETTER+POLICIES%27

OECD, 2013a, *Closing the Gender Gap: Act Now*, OECD Publishing.

OECD, 2013, Health at a Glance, https://www.oecd.org/els/health-systems/Health-at-a-Glance-2013.pdf#search=%27OECD%2C+2013+health%27

OECD, 2015, OECD Skills Outlook 2015: *Youth, Skills and Employability*, OECD Publishing.

OECD, 2017, *How's Life? 2017 Measuring Well-being*, https:www.oecd-ilibrary.org/economics/how-s-life-2017_how_life-2017-en file:///C:/Users/soleg/AppData/Local/Packages/Microsoft.MicrosoftEdge_8wekyb3d8bbwe/TempState/Downloads/oecdwellbeing%20(1).pdf.

OECD, 2019, *Health at a Glance 2019*, https://www.oecd-ilibrary.org/social-issues-migration-health/health-at-a-glance-2019_4dd50c09-en

Pew Research Center, 2019, *Smartphone Ownership Is Growing Rapidly Around the World, but Not Always Equally*, https://www.pewresearch.org/global/2019/02/05/smartphone-ownership-is-growing-rapidly-around-the-world-but-not-always-equally/

Shin Gi Wook, 2006, *Ethnic Nationalism in Korea: Genealogy, Politics and Legacy*, Stanford University Press.

Snow David A., and Soule Sarah A., 2009, *A Primer on Social Movements*, W.Norton & Company.

Tarrow Sidney, 1994, *Power in Movement: Social Movements and contentious Politics*, Cambridge University Press.

Times Higher Education（THE）, 2019, *World University Rankings*, https://www.timeshighereducation.com/world-university-rankings

Unicef, 2019, *Are the world's richest countries family-friendly? Policy in the OECD and EU*, https://www.unicef-irc.org/publications/pdf/FamilyFriendlyPolicies-Research_

Bauman Zygmunt, 1998, *Work, Consumerism and the new poor,* Open University Press.（＝2008，伊藤茂訳『新しい貧困　労働，資本主義，ニュープア』青土社）.
Bauman Zygmunt, Lyons David, 2013, *Liquid surveillance: a conversation*, Polity Press.（＝2013，伊藤茂訳『私たちが，すすんで監視し，監視される，この世界について―リキッド・サーベイランスをめぐる7章』青土社）.
Bourdieu Pierre, 1979, *La distinction: critique sociale du jugement*, Les Éditions de Minuit.（＝1990，石井洋二郎訳『ディスタンクシオン：社会的判断力批判Ⅰ．Ⅱ』藤原書店）.
Brubaker Rogers, 1992, *Citizenship and Nationhood in France and Germany*, Harvard University Press.（＝2005，佐藤成基・佐々木てる監訳『フランスとドイツの国籍とネーション―国籍形成の比較歴史社会学』明石書店）.
Buechler Steven M., 2011, *Understanding Social Movements: Theories from the Classical Era to the Present*, Paradigm Publishers.
Butler Judith, 1990, *Gender trouble: feminism and the subversion of identity*, Routledge.（＝1999，竹村和子訳『ジェンダー・トラブル―フェミニズムとアイデンティティの攪乱』青土社）.
Butler Judith, 2020, *The Force of Nonviolence: The Ethical in the Political*, Verso.
Castles, Stephen and Miller Mark J., 2009, *The Age of Migration: International Population Movements in the Modern World*, Guilford Press.
Comparitech, 2019, "Surveillance camera statistics: which cities have the most CCTV cameras?", https://www.comparitech.com/vpn-privacy/the-worlds-most-surveilled-cities/
Connerton Paul, 1989, *How Societies Remember*, Cambridge University Press.（＝2011，芦刈美紀子訳『社会はいかに記憶するか』新曜社）.
Esping-Andersen, G., 1990, *The Three World of Welfare Capitalism*, Cambridge Polity Press.（＝2001，岡沢憲芙・宮本太郎監訳『福祉資本主義の三つの世界』ミネルヴァ書房）.
Esping-Andersen, G., 1996, *Welfare States in Transition: National Adaptations in Global Economics*, Sage Publications Ltd.（＝2003，埋橋孝文監訳『転換期の福祉国家―グローバル経済下の適応戦略』，早稲田大学出版部）.
Étienne de La Boétie, 1993, *Discours de la servitude volontaire, Flammarion*.（＝2013, 西谷修監修・山上嗣訳『自発的隷従論』筑摩書房）.
Gauthier, Anne Helene.,1996, *The state and the family : A comparative analysis of family policies in industrialized countries*, Clarendon Press.
Giese, Rachel, 2018, Boys: *What It Means to Become a Man*, Seal Press.（＝2019，冨田直子訳『ボーイズ 男の子はなぜ「男らしく」育つのか』DU BOOKS 2019）.
Henderson, Gregory, 1968, *KOREA, The Politics of the Vortex*, Harvard University Press.（＝1973, 鈴木沙雄・大塚喬重訳『朝鮮の政治社会』サイマル出版会）.
Hofstede, Geert, 1991, *Cultures and Organizations : Software of the mind*, McGraw-Hill Book Company.（＝1995，岩井紀子・岩井八郎訳『多文化世界 違いを学び共存への道を探る』有斐閣）.
Kaur, Rupi, 2015, *Milk and Honey*, Andrews McMeel Publishing.
McCarthy, John, and Mayer Zald,1996,*Comparative Perspectives on Social Movements: Political Opportunities, Mobilizing Structures, and Cultural Framings*, Cambridge University Press.
Leitner, Sigrid, 2003, "Varieties of Familialism: The Caring Function of the Family in Comparative Perspective". European Societies, 54：353-375.

る」『月刊朝鮮』470号：152-167.
チャン・ミンソン，2017「孤独死の現況と法制的対応方案」『法制イッシューブリーフ』26，韓国法制研究院：1-4.
チャン・ヨギョン他，2017「保健医療ビッグデータ事業，私の情報は安全か」『月刊福祉動向』230号：47-53.
チョ・ギソン，2018「デジタル教科書と学校現場の変化」『新教育』767号，韓国教育新聞社：8-13.
チョ・ナムジュ，2016『82年生まれ キム・ジヨン』民音社.
チョ・ハンウル，2019「中年層も Youtube に我を忘れる」『アジア経済』，http://view.asiae.co.kr/news/view.htm?idxno=2019012209161473667
チョン・ジェフン，2018「低出産・高齢化対応政策の性格と展望」『保健福祉フォーラム』261号，韓国保健社会研究院：22-34.
チョン・ジュヒ，2016『我々はなぜ勉強すればするほど貧しくなるのか』サイヘンソン.
チョン・ジョンソプ，1998，「韓国の民主化における憲法裁判所と基本権の実現」『法学』40（3），ソウル大学法学研究所：226-253.
チョン・ソンホ，2018「低出産対策のパラダイム転換への批判的検討」『公共社会研究』8（2），韓国公共社会学会：36-64.
チョン・ヒス，2018「抵抗と固着化の矛盾した共存を描く：チョ・ナムジュの『82年生まれ キム・ジヨン』を読んで」『21世紀文学』22（3）：307-311.
チョン・ユソン，2016「大学生就業支援プログラム参加者の日本就業過程と国内就業過程の性向研究」『日本文化学報』71：241-259.
低出産高齢社会委員会 web サイト，https://www.betterfuture.go.kr/main/mainPage.do
東亜日報社，2018・2019『東亜年鑑』東亜日報社.
パク・インスク，2020「半地下住居の現況と示唆点」国会立法調査処 web サイト，https://www.nars.go.kr
パク・ウナ，2017「朴槿恵政府の保育実策 5 場面」『週刊京郷』1225号，京郷新聞社：16-17.
ハン・ギョンヒ / ホ・ジュネン / ユン・イルグク，2010「グローバル工学人材養成のための英語講義の役割と課題」『工学研究』13（3），韓国工学教育学会：53-60.
法務部，2019『出入国管理統計年報』.
保健福祉部「保健福祉統計年報」各年度（2000～2019年）.
————，2019『2018年 児童総合実態調査』.
————，2019『自殺予防白書』.
ユン・ホウ，2019「86世代の子どもである90年代生まれ，来年の総選挙の選択は」『週刊京郷』1344号，京郷新聞社：32-34.
ヨム・ジへ，2016「老老ケアの光と影」『老人福祉研究』71（2），韓国老人福祉学会：269-296.
ルピ・クーア，2018『太陽と彼女の花たち』パッカ.
ルュ・ドンミン，2016「能力主義イデオロギーの危機― 脱朝鮮の社会心理学」『黄海文化』90：45-58.

〈その他〉
Bartlett Jamie, 2018, *The People Vs Tech: How the Internet Is Killing Democracy (and How We Save It)*, Penguin Random House.（＝2018，秋山勝訳『操られる民主主義：デジタル・テクノロジーはいかにして社会を破壊するか』草思社）.

8523
キム・ユヒ，2018「韓国の老人ケア労働市場と朝鮮族移住労働者の研究」『社会福祉政策』45（1），韓国社会福祉政策学会：180-208.
キム・ユヒ，2018「ベーシックインカムは社会保障の代案か」『社会福祉政策』45（1），韓国社会福祉政策学会：45-70.
キム・ヨングォン，2019「低出産に対する談論分析」『市民人文学』京畿大学校人文科学研究所：43-100.
キム・ヨンレ／イ・ジョンヒほか，2004『NGO と韓国政治』アルゲ社.
教育部／統計庁，2018「2018年小中高私教育費調査」.
教育部教育統計サービス，2019「幼少中等統計」「教育統計主要指数」https://kess.kedi.re.kr/kessTheme/zipyo?itemCode=03&menuId=m_02_03_01
現代経済研究院，2015「豊かな老人と貧しい老人の所得格差拡大報告書」.
コ・ヨンゴン，2018「歪曲された解釈が引き起こした嫌悪社会」『21世紀文学』22（3）：253-258.
国民年金公団 web サイト，http://www.nps.or.kr
国家統計ポータル　http://kosis.kr/index/index.do
産業研究院，2013「ひとり世帯、消費支出の新しい主体に急浮上」.
時事イン，2019「ニュースは信じられないので Youtube を見る」https://www.sisain.co.kr/news/articleView.html?idxno=40273. 2019.09.17
―――，2018「単身世帯の文化消費支出形態分析報告書」.
女性家族省，2019「公共部門の女性代表制向上５ヵ年計画（2018-2022）中間報告」.
女性朝鮮，2019「〈82年生まれ、キム・ジヨン〉その後」2019年５月１日
http://woman.chosun.com/client/news/viw.asp?cate=C04&mcate=M1004&nNewsNumb=20190461299
シン・ジェヒョン，2019「青年のための政策？No！これみよがしの政策にすぎない」『月刊中央』519号：164-168.
シン・ヒョンジュ，2018「韓国社会の変化する孤独死の現況と対策に関する研究」『韓国犯罪心理研究』14（2）：63-78.
人事革新処「統計年報」各年度（2008～2019年）.
ソン・オギモ，2018「高齢者の社会的保護：2017-2019　政策動向および統計」『社会的対話』７号，経済社会労働委員会：155-163.
ソ・ヨンヒョン，2017「ヘル朝鮮から脱朝鮮を夢見るということ」『創作と批評』44（2），チャンビ：292-308.
ソウル特別市，ソウル青年ポータル web サイト http://youth.seoul.go.kr/site/main/home
ソン・ファソン，2018「13桁の一連番号と韓国人の生活」『新東亜』710号，東亜日報社：298-305.
チ・ウニ，2002「内部から見た女性運動―韓国女性団体連合活動を中心に」『社会理論』22号，韓国社会理論学会：99-149.
チェ・ヒョンスク，2016「もうすぐ死ねるのが幸い 独居老人の声」『カトリック評論』５号，ウリ神学研究所：7-18.
チェ・ソンラク／イヘヨン，2017「住民登録番号制度改編に対する国民の不便コスト」『韓国コンテンツ学会論文誌』17（4），韓国コンテンツ学会：375-383.
チャン・ガンミン，2015『韓国が嫌で』The Book Company.
チャン・ヘヨン，2019「株主権行使乱用により数百企業の支配構造を変えることができ

主要参考文献

イム・ムニョン，2018「個人番号と産業活性化の接点を見い出すべき― 足枷となった個人情報保護法」『エコノミスト』1456号，中央日報プラス：54-58.
オ・ギョンソクほか，2007『韓国における多文化主義―現実と争点』ハンウルアカデミー.
オ・ヨンウン／チュ・ジュヒ，2020「青年層の結婚および家族価値観の変化に関する探索的研究」『人文社会21』11（1），アジア文化学術院：1217-1232.
オ・ヨンラン／チョン・テジュン，2017「韓国と日本の老人当事者と家族ケア意識比較」『日本近代学研究』韓国日本近代学会57：347-370.
韓国情報化振興院，2015『情報化統計集』.
韓国女性政策研究院，2019a「韓国と日本の20～40代の結婚および家族価値観調査」.
――――，2019b「20代現象：脱家父長社会のための挑戦と葛藤」.
韓国人口保健福祉協会，2019「低出産認識調査」
韓国保健社会研究院，2018「青年層の住居特性と結婚との関連性研究」.
韓国大学教育協議会，2019「大学入学選考施行計画主要事項」http://www.kcue.or.kr/
カン・ソンホほか，2010『国民年金の老後所得保障水準研究』国民年金研究院.
カン・ギチョル／ソン・ジョンユン「孤独死統計についての日韓比較研究」『日本文化研究』61，東アジア日本学会：5-25.
韓国統計庁，2015「人口住宅総調査」.
――――，2016「将来人口推計：2015～2065」.
――――，2017「高齢者統計」.
――――，2018a「社会調査報告書」.
――――，2018b「世界と韓国の人口状況および展望報告書」.
――――，2018c「将来人口特別推計」.
――――，2018d「高齢者統計」.
――――，2019a「韓国の人口展望」.
――――，2019b「統計で見る女性の生」.
――――，2019c「全国将来世帯推計」.
――――，2019d「高齢者統計」.
――――，2019e「将来人口推計：2017～2065」.
――――，2019f「将来人口特別推計：2017～2067」.
――――，2019g「家計動向調査」.
――――，2019h「経済活動人口調査」.
キム・イソン，2007「原点に戻るべき女性結婚移民者政策」『ジェンダー・レビュー』春号：22-31.
キム・ジョフンほか，2019『386世代遺憾』ウンジン知識ハウス.
キム・テフン，2017「増える中年層の孤独死，寂しさについて」『週刊京郷』2017年9月12日号，京郷新聞社：12-16.
キム・ヒョンジュン，2019「386世代，不安な中産層と世代不平等の既得権者の狭間で」『参加社会』266，参与連帯：11-13.
キム・ヒョンド，2019「孤独死のないソウルへの努力と成果」『福祉イッシュtoday』70，ソウル市福祉財団：7.
キム・テワン／チェ・ジュニョン，2017「青年の貧困実態：青年，誰が貧しいのか」『保健福祉フォーラム』244号，韓国保健社会研究院：6-19.
キム・ヨンハ，2007『クイズショー』文学トンネ.
キム・ユソン，2016「少子化と青年の職」労働社会研究所，http://www.klsi.org/blogs/

文京洙，2015『新・韓国現代史』岩波書店.
望月優大，2019『ふたつの日本「移民国家」の建前と現実』講談社.
文部科学省，2017『学校基本調査』.
————，2019a『諸外国の教育動向 2018年度版』明石書店.
————，2019b『生きるための知識と技能7 OECD 生徒の学習到達度調査 PISA—2018年調査国際結果報告書』明石書店.
————，2019c『教員環境の国際比較 OECD 国際教員指導環境調査（TALIS）2018調査報告書』ぎょうせい.
文部科学省　科学技術・学術政策研究所，2019『科学技術指標 2019』.
文部科学省・国立教育政策研究所，2019『PISA 2018年調査補足資料 生徒の学校・学校外における ICT 利用』，国立教育政策研究所 web サイト，https://www.nier.go.jp
安宿緑，2019「日本に職を求める、超学歴社会の申し子　韓国エリヘートの末路」『PRESIDENT』2019年 6 月 3 日号：84-89.
山口慎太郎，2019『「家族の幸せ」の経済学—データ分析でわかった結婚，出産，子育ての真実』光文社.
山崎史郎，2017『人口減少と社会保障—孤立と縮小を乗り越える』中央公論新社.
山田昌弘，2017『底辺への競争—格差放置社会ニッポンの末路』朝日新聞出版.
山本龍彦，2017『おそろしいビッグデータ—超類型化 AI 社会のリスク』朝日新聞出版.
尹敬勲・松本麻人監修，2019『韓国における大学倒産時代の到来と私立大学の生存戦略』ジアース教育新社.
吉川徹，2018『日本の分断 切り離される非大卒若者たち』光文社.
————，2019『学歴と格差・不平等 増補版—成熟する日本型学歴社会』東京大学出版会.
吉川徹・狭間諒多朗編，2019『分断社会と若者の今』大阪大学出版会.
吉田光男，2015『韓国朝鮮の歴史』放送大学教育振興会.
廉宗淳，2016『「ものづくり」を変える IT の「ものがたり」—日本の産業，教育，医療，行政の未来を考える』クオン.

†外国語文献　〈韓国語〉
イ・チョルスン，2019『不平等の時代』文学と知性社.
————，2019，「世代、階級、位階、386世代の執権と不平等の拡大」『韓国社会学』53（1），韓国社会学会，http://www.ksa21.or.kr/content/lib/journal_view.php?v=53&n=1
イ・ホユン，2018「ロマンスの代わりにフェミニズムを」『文学と社会』31（2），文學と知性社：38-55.
イ・ユンギョン，2019「人口政策の展望と課題」『保健福祉フォーラム』267号，韓国保健社会研究院：19-31.
イ・ヨンスク，2018「デジタル教育が子どもの人性に与える影響」『教育と思索』73号，教育タイムス：69-73.
イ・ヨンヒ，2018「インターネットを活用した独居老人の孤独死予防」韓国保健福祉研究院.
イム・ガングク，2018「低出産問題と家族イデオロギー」『教育批評』42号：92-117.
イム・ホンテク，2018『90年生まれが来る』Whale books.
イム・ヘウォン／イ・ヒョンス，2018「IT 技術を活用した独居老人の孤独死管理サービスに関する研究」『韓国室内デザイン学会論文集』27（3）：71-78.

主要参考文献

西村周三，2018『医療白書 2018年度版 医療新時代を切り拓くデジタル革命の衝撃 AI, IoT、ビッグデータがヘルスケアの未来を変える』日本医療企画.

西村友作，2019『キャッシュレス国家—中国新経済の光と影』文藝春秋.

日本労働法学会編，2014『高年齢者雇用の課題と方向性 / 日韓比較労働法研究の意義と課題 /「就労価値」論の理論課題』日本労働法学会誌124号，法律文化社.

橋本健二，2018『新・日本の階級社会』講談社.

服部民夫・張達重編，2006『日韓政治社会の比較分析』慶應義塾大学出版会.

本田由紀・伊藤公雄，2017『国家がなぜ家族に干渉するのか—法案・政策の背後にあるもの』青弓社.

春木育美，2000「軍隊と韓国男性—兵役が韓国男性に与える影響」『同志社社会学研究』第 4 号：53-65.

————，2006『現代韓国と女性』新幹社.

————，2007「政治的機会構造と韓国の市民運動—戸主制廃止運動を事例として」ソシオロジ51（3），75-89.

————，2008「韓国の少子化対策の政治的文脈と大統領のイニシアティブ」『比較政治学会年報』10号，早稲田大学出版部：81-100.

————，2010a「韓国の少子化対策とその政策的文脈」伊藤公雄・春木育美・金香男編『現代韓国の家族政策』行路社，101-120.

————，2010b「近代日本と朝鮮の良妻賢母主義」『日韓歴史共同研究委員会　第三分科会（近現代史）報告書』日韓歴史共同研究委員会，461-485.

————，2011a「少子化対策に関する日韓比較—共通課題と異なる政策方向」春木育美・薛東勲編著『韓国の少子高齢化と格差社会』慶應義塾大学出版会，21-46.

————，2011b「韓国の外国人労働政策と社会統合政策推進の背景」春木育美・薛東勲編『韓国の少子高齢化と格差社会』慶應義塾大学出版会，139-172.

————，2011c「韓国の徴兵制と軍事文化の中の男性と女性」韓国朝鮮文化研究会編『韓国朝鮮の文化と社会』，風響社，95-110.

————，2014「社会学における韓国研究の意義と可能性」春木育美・金成垣著『現代韓国朝鮮学会』14号，現代韓国朝鮮学会：17-30.

————，2015「バージニア州の韓国系移民者による「東海」併記運動のプロセスと背景」『移民政策研究』7号，移民政策学会：168-183.

————，2019「Ⅳ文化」新城道彦・浅羽祐樹・金香男・春木育美『知りたくなる韓国』有斐閣，218-280.

————，2020「「ヘル朝鮮」世代，韓国二十代の異変」『中央公論』1 月号：132-149.

藤原夏人，2019「韓国の女性暴力防止基本法」『外国の立法：立法情報・翻訳・解説』281，国立国会図書館：59-75.

松岡亮二，2019『教育格差—階層・地域・学歴』筑摩書房.

松田素二・鄭根埴編，2013『コリアン・ディアスポラと東アジア社会—変容する親密圏・公共圏 』京都大学学術出版会.

水島治郎，2016『ポピュリズムとは何か—民主主義の敵か、改革の希望か』中央公論新社.

水松巳奈・末永拓海・丸山勇，2017「韓国の大学国際化とグローバル・キャンパス構築に関する先進事例研究成果報告」ウェブマガジン『留学交流』1 月号，Vol.70，日本学生支援機構，https://www.jasso.go.jp/ryugaku/related/kouryu/2016/01.html

峯岸博，2019『日韓の断層』日経 BP.

宮下紘，2017『ビッグデータの支配とプライバシー危機』集英社.

ku/j/zenkoku2017/pp_zenkoku2017.asp
――――，2018『日本の世帯数の将来推計（全国推計）』（2018（平成30）年推計）』
http://www.ipss.go.jp/pp-ajsetai/j/HPRJ2018/t-page.asp
小島克久，2017「韓国の社会保障（第4回）韓国の年金制度について」『社会保障研究』1（4）：861-864.
小泉雄介，2019「『快適』で安全な監視社会―個人の自由が保障されなくていいのか」『世界』6月号，岩波書店：142-151.
権仁淑（山下英愛訳），2006『韓国の軍事文化とジェンダー』御茶の水書房.
斎藤環・松本俊彦・井原裕監修，2018『ケアとしての就労支援』社会評論社.
澤田克己，2006『「脱日」する韓国―隣国が日本を捨てる日』ユビキタスタジオ.
――――，2015『韓国「反日」の真相』，文藝春秋社.
――――，2017『韓国新大統領 文在寅とは何者か』祥伝社.
――――，2020『反日韓国という幻想―誤解だらけの日韓関係』毎日新聞出版.
新城道彦・浅羽祐樹・金香男・春木育美，2019『知りたくなる韓国』有斐閣.
総務省，2019『令和元年版情報通信白書 ICT 白書』日経印刷.
ソン・ウォンピョン（矢島暁子訳），2019『アーモンド』祥伝社.
高安雄一，2014『韓国の社会保障―「低福祉・低負担」社会保障の分析』学文社.
――――，2017，「韓国における高齢化の帰結と課題―経済学によるアプローチ」『現代韓国朝鮮研究』17号，現代韓国朝鮮学会：17-29.
武川正吾・キム・ヨンミョン編，2005『韓国の福祉国家・日本の福祉国家』東信堂.
武川正吾・イ・ヘギョン編，2006『福祉レジームの日韓比較』東京大学出版会.
崔章集（磯崎典世ほか訳），2012『民主化以後の韓国民主主義―起源と危機』岩波書店.
張睿暎，2010「韓国における個人情報保護法制の問題と改善案」『東京都市大学環境情報学部紀要』11号：39-46.
チョ・ファスン，木村幹ほか，2017『ビッグデータから見える韓国―政治と既存メディア・SNS のダイナミズムが織りなす社会』白桃書房.
趙恵貞（春木育美訳），2002『韓国社会とジェンダー』法政大学出版局.
辻中豊・廉載鎬編，2004『現代韓国の市民社会・利益団体―日韓比較による体制移行の研究』木鐸社.
辻元，2014「デジタル教科書の問題点―情報量の多さは教育効果につながるか」『コンピューター＆エデュケーション』36：30-35.
筒井淳也，2015『仕事と家族 日本はなぜ働きづらく、産みにくいのか』中央公論新社.
土井隆義，2019『「宿命」を生きる若者たち―格差と幸福をつなぐもの』岩波書店.
独立行政法人情報処理推進機構 AI 白書編集委員会編，2018『AI 白書 2019』角川アスキー総合研究所.
内閣府，2015『平成27年度 第8回高齢者の生活と意識に関する国際比較調査』内閣府.
――――，2017『少子化社会対策白書』内閣府.
――――，2018a『平成30年版 高齢社会白書』内閣府.
――――，2018b「我が国と諸外国の若者の意識に関する調査」
――――，2019a『少子化社会対策白書』内閣府.
――――，2019b『令和元年 高齢社会白書』内閣府.
中村高康・藤田武志・有田伸編，2002『学歴・選抜・学校の比較社会学―教育からみる日本と韓国』東洋館出版社.
二階宏之，2018「韓国の公共データ開放―デジタル社会への挑戦」『アジ研ワールド・トレンド』268：9-11.

主要参考文献

学研教育総合研究所，2018，「小学生の日常生活・学習・自由研究等に関する調査」 https://www.gakken.co.jp/kyouikusouken/whitepaper/201809/chapter1/index.html
韓国経済新聞，（豊浦潤一訳）2016『韓国はなぜ危機か』中央公論新社.
康元澤・浅羽祐樹・高選圭，2015『日韓政治制度比較』慶應義塾大学出版会.
木下美絵，2019「フェミニズム・リブート」タバブックス編『韓国フェミニズムと私たち』タバブックス：76-77.
キム・エラン（きむふな訳），2013『どきどき僕の人生』CUON.
————，（古川綾子訳），2017『走れ、オヤジ殿』晶文社.
金成垣，2016『福祉国家の日韓比較―「後発国」における雇用保障・社会保障』明石書店.
金香男，2017「韓国の高齢者と家族の変容―「家族扶養・介護」と「扶養・介護の社会化」の狭間で」『現代韓国朝鮮研究』17号：42-52.
キム・ヘジン（古川綾子訳），2018『娘について』亜紀書房.
金明中，2014「韓国における女性の労働市場参加の現状と政府対策―積極的雇用改善措置を中心に」『日本労働研究雑誌』643号：92-104.
————，2019「韓国における無償保育の現状や日本に与えるインプリケーション」ニッセイ基礎研究所,https://www.nli-research.co.jp/report/detail/id=61212?pno=2&site=nli
木宮正史，2012『国際政治のなかの韓国現代史』山川出版社.
木村幹，2000『朝鮮/韓国ナショナリズムと「小国」意識―朝貢国から国民国家へ』ミネルヴァ書房.
————，2008『韓国現代史―大統領たちの栄光と蹉跌』中央公論新社.
共同通信社会部取材班，2019「丸裸にされる私生活―企業の個人情報と検察・警察」『世界』6月号，岩波書店：106-114
黒田勝弘，2017『隣国への足跡』角川書店.
経済協力開発機構（OECD）（濱田久美子訳），2014『OECDジェンダー白書―今こそ男女格差解消に向けた取り組みを！』明石書店.
————（国立教育政策研究所監訳），2016『PISA 2015年調査評価の枠組み―OECD生徒の学習到達度調査』明石書店.
————（トリフォリオ訳），2017a『図表でみる世界の主要統計 OECDファクトブック 2015-2016年版―経済、環境、社会に関する統計資料』明石書店.
————（鐘ヶ江葉子訳），2017b『図表でみる世界の保健医療 OECDインディケータ 2015年版』明石書店.
————（濱田久美子訳），2018『図表でみる男女格差 OECDジェンダー白書2―今なお蔓延する不平等に終止符を！』明石書店.
————（矢倉美登里ほか訳），2019a『図表でみる教育 OECDインディケータ 2019年版』明石書店.
————（西村美由起訳），2019b『OECD幸福度白書4―より良い暮らし指標：生活向上と社会進歩の国際比較』明石書店.
厚生労働省編，2019a『世界の厚生労働 2018年海外情勢報告』厚生労働省.
————，2019b『令和元年版労働経済白書』厚生労働省.
国立教育政策研究所編，2016『生きるための知識と技能6 OECD生徒の学習到達度調査（PISA）―2015年調査国際結果報告書』明石書店.
国立社会保障・人口問題研究所，2016「人口統計資料集 2015年版」.
————，2017『日本の将来推計人口 平成29年推計』http://www.ipss.go.jp/pp-zenko

主要参考文献

†日本語

朝田佳尚，2019a『監視カメラと閉鎖する共同体：敵対性と排除の社会学』慶應義塾大学出版会.

————，2019b「自己撞着化する監視社会」『世界』6月号, 岩波書店：152-160.

浅羽祐樹，2015『韓国化する日本，日本化する韓国』講談社.

阿藤誠，2000『現代人口学』日本評論社.

安倍誠編著，2017『低成長時代を迎えた韓国』IDE-JETRO アジア経済研究所.

荒川和久，2019『ソロエコノミーの襲来』ワニブックス.

有田伸，2006『韓国の教育と社会階層―「学歴社会」への実証的アプローチ』東京大学出版会.

————，2009「比較を通じてみる東アジアの社会階層構造―職業がもたらす報酬格差と社会的不平等」『社会学評論』59巻4号：663-681.

————，2011「非正規雇用概念の適用過程からみる韓国労働市場の『格差』―日本との比較を通じて」『社会科学研究』62巻3・4号：77-97.

————，2009「現代韓国社会における威信体系―社会階層論の視点から」『韓国朝鮮の文化と社会』8号，風響社，84-107.

イ・ミンギョン（すんみ・小山内園子訳），2018『私たちにはことばが必要だ フェミニストは黙らない』タバブックス.

池畑修平，2019『韓国　内なる分断：葛藤する政治，疲弊する国民』平凡社.

李鍾元・木宮正史・磯崎典世・浅羽祐樹，2017『戦後日韓関係史』有斐閣.

井手英策・松沢裕作編，2016『分断社会・日本―なぜ私たちは引き裂かれるのか』岩波書店.

イト・ペング，2013「韓国の社会投資政策」落合恵美子編『親密圏と公共圏の再編成』京都大学学術出版会，243-264.

伊藤亜人，2013『珍島―韓国農村の民族誌』弘文堂.

————，2019『日本社会の周縁性』青灯社.

伊藤公雄・春木育美・金香男編，2010『現代韓国の家族政策』行路社.

岩崎育夫，2019『アジア近現代史―「世界史の誕生」以後の800年』中央公論新社.

岩渕秀樹，2013『韓国のグローバル人材育成力―超競争社会の真実』講談社.

上野千鶴子，2010『女ぎらい―ニッポンのミソジニー』紀伊國屋書店.

馬越徹，2010『韓国大学改革のダイナミズム―ワールドクラス（WCU）への挑戦』東信堂.

大西裕，2005,『韓国経済の政治分析―大統領の政策選択』有斐閣.

————，2014『先進国・韓国の憂鬱―少子高齢化、経済格差、グローバル化』中央公論新社.

————，2017「福祉政治研究の科学化―韓国の高齢者福祉をめぐって」『アジア経済』58（4）：55-75.

岡部茜，2019『若者支援とソーシャルワーク― 若者の依存と権利』法律文化社.

奥田聡編，2007『経済危機後の韓国―成熟期に向けての社会・経済的課題』IDE-JETRO アジア経済研究所.

梶谷懐・高口康太，2019『幸福な監視国家・中国』NHK 出版.

春木育美（はるき・いくみ）

1967年東京都生まれ．韓国延世大学校大学院修士課程修了，同志社大学大学院社会学研究科博士課程修了（博士・社会学）．慶應義塾大学研究員（PD），東洋英和女学院大学准教授，東京大学非常勤講師，米国アメリカン大学客員研究員などを経て現在，早稲田大学韓国学研究所招聘研究員，（公財）日韓文化交流基金執行理事

著書『現代韓国と女性』（新幹社，2006年）
編著『現代韓国の家族政策』（行路社，2010年）
『韓国の少子高齢化と格差社会』（慶應義塾大学出版会，2011年）
共著『韓国における市民意識の動態Ⅱ』（慶應義塾大学出版会，2008年）
『知りたくなる韓国』（有斐閣，2019年）他多数
訳書『韓国社会とジェンダー』（趙恵貞著，法政大学出版会，2002年）

韓国社会《かんこくしゃかい》の現在《げんざい》
中公新書 *2602*

2020年 8 月25日発行

著　者　春木育美
発行者　松田陽三

本文印刷　三晃印刷
カバー印刷　大熊整美堂
製　　本　小泉製本

発行所　中央公論新社
〒100-8152
東京都千代田区大手町 1-7-1
電話　販売 03-5299-1730
　　　編集 03-5299-1830
URL http://www.chuko.co.jp/

Published by CHUOKORON-SHINSHA, INC.
Printed in Japan　ISBN978-4-12-102602-6 C1236

社会・生活